"十三五"国家重点图书出版规划项目
2021年农家书屋重点图书推荐目录

中国乡村振兴示范村

丛书主编 陈文胜
副主编 王文强

郎德上寨

龙志波 宋尧平 著

东北大学出版社

ⓒ 龙志波　宋尧平　2020

图书在版编目（CIP）数据

郎德上寨 / 龙志波，宋尧平著 . — 沈阳：东北大学出版社，2020.12（2021.4 重印）
（中国乡村振兴示范村 / 陈文胜主编）
ISBN 978-7-5517-2633-7

Ⅰ.①郎… Ⅱ.①龙… ②宋… Ⅲ.①农村—社会主义建设—概况—雷山县 Ⅳ.① F327.735

中国版本图书馆 CIP 数据核字（2020）第 270022 号

出　版　者：东北大学出版社
地　　　址：沈阳市和平区文化路三号巷 11 号
邮　　　编：110819
电　　　话：024-83687331（市场部）　83680267（社务部）
传　　　真：024-83680180（市场部）　83687332（社务部）
网　　　址：http://www.neupress.com
E-mail:neuph@neupress.com
印　刷　者：辽宁一诺广告印务有限公司
发　行　者：东北大学出版社
幅面尺寸：170 mm×240 mm
印　　　张：13
字　　　数：233 千字
出版时间：2020 年 12 月第 1 版
印刷时间：2021 年 4 月第 2 次印刷
责任编辑：刘宗玉　张德喜
责任校对：郎　坤
封面设计：潘正一

ISBN 978-7-5517-2633-7　　　　　　　　　　　定　价：49.00 元

郎德上寨风光

远眺郎德上寨 （雷山县委宣传部供稿）

云雾郎德上寨 （李玉贵供稿）

全国重点文物保护单位碑 （宋尧平供稿）

鸟瞰郎德上寨 （陈纲、乐国飞供稿）

郎德上寨风光

村间小路 （李晓威供稿）

房前小巷 （宋尧平供稿）

中国乡村振兴示范村 郎德上寨 LANG DE SHANG ZHAI

芦笙悦耳 （李玉贵供稿）

歌舞艳丽 （李玉贵供稿）

郎德上寨风光

郎德拦路酒 （吴玉贵供稿）

敬酒迎客 （雷山县委宣传部供稿）

中国乡村振兴 示范村 | 郎德上寨　LANG DE SHANG ZHAI

池塘客栈　（应曼供稿）

篝火晚会　（雷山县委宣传部供稿）

郎德上寨风光

招龙节盛况 （袁仁林供稿）

吃新节水上斗牛 （袁仁林供稿）

杨大六故居 （宋尧平供稿）

郎德上寨博物馆 （宋尧平供稿）

序
Foreword

　　党中央始终高度重视农业、农村和农民工作，新世纪以来，连续推出了一系列强农惠农富农政策，我国农村发生了翻天覆地的变化，广大农民从物质到精神都有了前所未有的提高。习近平总书记指出，农业强不强、农村美不美、农民富不富，决定着全面小康社会的成色和社会主义现代化的质量。实施乡村振兴战略是党的十九大作出的重大决策部署，这是党的"三农"工作一系列方针政策的继承和发展，是开启全面建设社会主义现代化国家新征程的必然选择，是我们在新时代做好"三农"工作的行动总纲和根本遵循。

　　2020年，我国打赢了脱贫攻坚战，农村贫困人口按现行标准全部脱贫，贫困县全部摘帽，消除了区域性整体贫困现象。党的十九届五中全会提出"实现巩固拓展脱贫攻坚成果同乡村振兴有效衔接"的要求。脱贫之后的农户面临着尽快加入中等收入群体行列的新任务、新挑战，而乡村振兴正是他们实现这一美好愿景的必由之路。

　　村庄是乡村的基本社区单元，是乡村振兴的主战场。我国有60多万个行政村，从南到北、由东至西，情况千差万别，振兴之路也必然各有千秋。广大农村在实践中探索出各具特色的发展路径，一批村庄尽享强农惠农富农政策红利，通过艰辛探索，率先迈入全面小康，成为乡村振兴示范村；但仍有大量村庄在后起赶超，既需要政策的引导与推动，也需要典型的示范与带动。

　　习近平总书记强调，"要科学把握乡村的差异性，因村制宜，精准施策，打造各具特色的现代版'富春山居图'。"实施乡村振兴是一个划时代的伟大创举，也是一项长期而艰巨的任务。党的十九大提出的实施乡村振兴战略，指明了村庄建设的前进方向，但还要不断总结典型经验，探索发展规律，才能持续推动乡村的全面振兴。

由陈文胜教授担纲主编、多位专家学者共同编撰的"中国乡村振兴示范村"丛书，选择不同地域、不同类型的10个典型村庄，系统、全面地介绍其乡村振兴过程，是一件十分有意义的事情。典型村庄的选取兼顾地理区域、发展路径、奋斗历程等多方面，既有经几代人持续奋斗形成的富裕村，也有在精准扶贫中脱颖而出的脱贫村；既有区位优势显著的城郊村，也有大山深处的边远村，有较强的代表性，可以为乡村振兴工作提供多视角的参考借鉴。丛书既详尽地叙述了每个示范村的发展过程，包括对村干部与村民思想、行为变化的细微描写，又对村庄发展的关键阶段、特殊环节的超常做法和成功经验进行了系统总结，给出了各示范村乡村振兴过程的全景式展示。纵览全书，一个个眼光独到、能力超群、公而忘私的村庄引领者的高大形象跃然纸上，一件件惊心动魄、事关生死大事的抉择过程展现在眼前。这种纪实性文体鲜活、可信，感染力强，是总结农村基层工作与农民群众创造精神的一种有益的探索。

丛书文字生动活泼，叙事生动简明，启发性、指导性强。衷心希望这套丛书能有助于广大读者了解乡村，为乡村干部和农民朋友提供有益的借鉴，为各级党政部门的科学决策提供参考，助力全国的乡村振兴工作。

是为序。

蔡 昉
2020年12月

蔡昉，全国人大常委会委员，全国人大农业与农村委员会副主任委员，中国社会科学院原副院长、学部委员、博士生导师。

前言
Preface

  自从党中央提出乡村振兴战略以来，全国各地掀起了推进乡村振兴的热潮。在各地调研时，我发现每个村庄推进乡村振兴的积极性都很高，一部分村庄经过艰辛努力，探索出具有自身特色的发展模式，整体过上了质量较高的全面小康生活，但大多数村庄并没有明晰的发展思路，仍在乡村振兴的道路上彷徨且找不到突破的方向。由此，我心中一直想寻找一批优秀村庄，为其他村庄提供示范样本，以让更多的村庄能更快地实现乡村振兴。我也曾经将这个想法写进了对政府的建议之中。

  我的这一想法与东北大学出版社的计划不谋而合。2018年秋天，东北大学出版社领导找到我，提出出版一套宣传乡村振兴优秀村庄系列丛书的构想，并希望由我来组织编写这套丛书，我欣然答应了。我们一致认为，实施乡村振兴，是党中央、国务院的战略部署，是广大农民过上小康生活的必由之路，但前景美丽而道路曲折，实现乡村振兴将是一个长期的奋斗过程。在这个过程中，已有许多村庄走在前列，提前进入小康，应该把他们的经验总结出来，供尚在乡村振兴奋斗路上的村庄学习、借鉴。各个村庄经济基础不同、自然条件迥异，笼统设定一个模式，照搬一个做法显然不妥，而是要有针对性地选择一批有代表性的优秀村庄，让大多数村庄都能找寻到学习的榜样，以最大限度地发挥优秀村庄的示范作用。为此，我们在全国范围内，遴选了10个走在乡村振兴前列的典型村庄，以通俗化语言、纪实的叙事方式，把村干部及村民的超前意识、奋斗过程、成功经验全面描绘出来，将它们的坚定信念、聪明才智、开拓精神细致展现出来，并以"中国乡村振兴示范村"丛书的形式奉献给广大读者。希望这套丛书能给各级政府以借鉴，给广大乡村干部和农民朋友以启示，为实施乡村振兴战略助一臂之力。这就是我们编写、出版这套丛书的初衷。

  为确保编写质量，我们组建了一个由长期关注、从事"三农"研究的专家学者、政府官员、媒体精英等组成的跨区域作者队伍。具体分工是：

我任丛书主编，湖南省社会科学院人力资源与改革发展研究所所长王文强任丛书副主编。各分册作者分别是：《十八洞村》，湖南师范大学中国乡村振兴研究院教授陆福兴；《花园村》，人民日报社《民生周刊》杂志社编辑部主编、资深媒体人严碧华；《战旗村》，四川省农村发展研究中心主任、四川农业大学教授蓝红星，四川农业大学教师张正杰；《浔龙河村》，湖南省政协经济科技委员会主任、中南大学教授吴金明，湖南浔龙河投资控股有限公司刘红峰博士，国家税务总局党校长沙分校教师吴双；《景溪村》，河北农业大学教授申端锋；《郎德上寨》，中共黔东南苗族侗族自治州委员会宣传部副部长龙志波，黔东南苗族侗族自治州融媒体中心纸媒综合部主任、主任记者宋尧平；《袁家村》，中共陕西省咸阳市委农工办主任、西北农林科技大学兼职教授赵强社，西北农林科技大学教授赵晓峰、讲师张贯磊等；《振兴村》，山西农业大学形势与政策教研室主任、副教授庞丽锄；《张庄村》，湖南省社会科学院《毛泽东研究》编辑彭秋归；《大梨树村》，辽宁省直工委原副调研员张玉洁。作者们治学严谨、知识渊博，具有丰富的乡村调查经验，对所写的村庄比较熟悉，对所剖析的对象有着密切的关注。为了高质量地完成撰写任务，他们或常驻或三番五次前往所写村庄，目的就是真实记录所写村庄的振兴过程，挖掘出其潜在的精神动力。

本丛书的编写得到了各示范村村委会、支委会和所在地党政机关的大力支持和热情服务。尤其是本丛书的出版还得到了全国人大常委会委员、全国人大农业与农村委员会副主任委员、中国社会科学院学部委员蔡昉的关注，并在百忙之中为本丛书作序，其深厚的为农情怀和对"三农"研究者的关爱令我们十分感动。在此，一并对给予本丛书编写、出版以支持和帮助的各相关单位、各界人士表示衷心的感谢！

需要说明的是，丛书中的有些数据、案例引自专业著作与论文、媒体报道、政府门户网站发布的资讯。对各类文献的作者，我们致以真诚的感谢。由于时间关系，难以一一核对和注明所有文献的出处，在这里我们深表歉意。由于编者水平所限，加之时间仓促，丛书中的内容难免有不妥、失误之处，敬请广大读者批评指正。

陈文胜
2020年11月

陈文胜，湖南师范大学"潇湘学者"特聘教授、博士生导师，中国乡村振兴研究院院长，中央农办乡村振兴专家委员，中共湖南省委农村工作领导小组"三农"工作专家组组长。

目录 Contents

第一章 苗岭明珠——郎德上寨

一、地理位置 / 1

二、建寨历史 / 2

三、荣誉称号 / 2

四、村寨格局 / 3

五、自然环境 / 4

六、社会发展 / 6

第二章 郎德上寨改革开放的领路人——陈正涛

一、有科学理念的陈支书 / 8

二、有民俗意识的陈支书 / 9

三、有管理意识的陈支书 / 11

四、有消防安全意识的陈支书 / 11

第三章 郎德上寨的"伯乐"——吴正光

一、把郎德上寨作为典型苗族村寨保护 / 15

二、打开山门迎远客 / 16

三、为宣传郎德上寨笔耕不辍 / 17

四、"到了那一天，我要去郎德" / 18

附录一：贵州省文化出版厅关于调查民族村寨的通知 / 22

附录二：民族村寨调查提纲 / 23

第四章　第一段发展历程——工分制模式

一、工分制模式的诞生 / 25

二、工分制模式的特征 / 30

三、工分制模式的优势 / 35

四、工分制模式的困惑与矛盾 / 40

五、发展中自组织模式亟待优化 / 43

六、"企业再造村寨"的提出 / 45

附录：郎德上寨迎客服装穿着要求制度 / 51

第五章　第二段发展历程——"公司制+工分制"模式

一、"公司制+工分制"模式的诞生 / 53

二、村寨发展思路的重构 / 55

三、旅游发展格局的重塑 / 60

附录：雷山县郎德文旅发展有限责任公司管理制度 / 64

第六章　一份文明的村规民约

一、郎德上寨村规民约的发展历史 / 79

二、村规民约对传统治安风险的调控 / 82

三、村规民约对新型治安风险的治理 / 85

四、村规民约中的救济方式 / 87

附录：郎德上寨村规民约 / 89

第七章 郎德上寨的振兴

  一、社会：产业兴旺 / 97

  二、生态：生态宜居 / 97

  三、文化：乡风文明 / 98

  四、政治：治理有效 / 99

  五、经济：生活富裕 / 100

第八章 郎德上寨旅游开发模式的启示

  一、关键是有民族魂 / 103

  二、坚持保护与发展并重 / 105

  三、多元组合型开发模式更适合民族村寨旅游可持续发展需要 / 111

第九章 领导、专家学者、游客眼中的郎德上寨

  一、悄然成为教学科研基地 / 118

  二、领导专家学者交口称赞 / 118

  三、游客眼中独具魅力的苗寨 / 139

第十章 奥运圣火照亮古苗寨

第十一章 郎德上寨的苗文化

  一、历史人物 / 154

  二、建筑文化 / 156

  三、服饰文化 / 158

  四、饮食文化 / 160

  五、饮酒文化 / 161

  六、婚恋文化 / 164

  七、礼俗文化 / 168

八、节日文化 / 171

九、鼓笙文化 / 179

十、崇拜文化 / 182

十一、禁忌文化 / 183

十二、成人礼俗 / 187

参考文献 / 189

后　记 / 190

第一章
苗岭明珠——郎德上寨

一、地理位置

郎德上寨是上郎德村的一个自然寨。

上郎德村位于贵州省黔东南苗族侗族自治州雷山县郎德镇北部，距镇府 1.5 公里，距县城关 15 公里，地理坐标在东经 107°58′~108°05′，北纬 26°24′~26°31′，海拔在 735~1447 米。据 2020 年初统计资料显示，

郎德上寨的绿水青山（孙本灵供稿）

上郎德村共有210户866人，6个村民小组，全部为苗族。整个行政村由包寨、郎德上寨组成，全村主要姓氏为吴姓、陈姓。截至2020年3月22日，郎德上寨有153户618人。

二、建寨历史

郎德上寨自元末明初形成以来，已有600多年历史。清咸丰、同治年间，村民杨大六率众参加张秀眉领导的苗族农民起义，浴血奋战十余年，"郎德"因而名垂青史。

郎德上寨苗族村民，迄今仍然沿用"父子连名制"，能背诵20多代祖先的名字。以25岁为一代计算，已有五六百年历史，大约相当于元末明初。有株"保寨树"，树龄五六百年，传为定居郎德上寨始祖手植，与连名制算法基本吻合。咸丰年间，已有70多户200多人。但在"咸同起义"失败后，惨遭清军血洗，仅幸存15人，勉强组成4个家庭。由于田多人少种不完，从舟溪迁来几户吴姓苗族村民，与陈姓村民以兄弟相称，互不婚配。经过100来年的发展，到新中国成立初期，已恢复至50多户260多人。

数百年来，郎德上寨一直保持远古遗风、秦汉礼俗、唐宋服饰、明清建筑，堪称苗族村寨的典型代表。

三、荣誉称号

郎德上寨是20世纪80年代贵州省最早对外开放的五个少数民族村寨之一，1982年被列为黔东南州7个开放的民族风情旅游点。1984年，贵州省文化出版厅发出《关于调查民族村寨的通知》，布置民族村寨调查工作，黔东南苗族侗族自治州文化局和雷山县文化局、文管所立即对郎德上寨开展调查。中央民族学院、上海同济大学师生也参加了部分调查活动。省文化厅根据《贵州省文物保护管理办法》的有关规定，于1986年将郎德上寨列为民族村寨保护重点，并资助村民整理村寨容貌。1987年以"苗族风情博物馆"名义，打开山门，对外开放。1995年被贵州省文化厅授予"苗族歌舞之乡"，1997年被国家文化部授予"中国民间艺术之乡"称号，1998年被国家文物局列为"全国百座特色博物馆"之一，2001年被

第一章 苗岭明珠——郎德上寨

国务院批准为"全国重点文物保护单位",2006年被世界旅游组织评选为世界级乡村旅游村寨,2007年被中国景观村落评审委员会列为"中国景观村落",2010年被列为"中国历史文化名村",2012年入选第一批"中国传统村落"名录,是"2008年北京奥运圣火走过的地方",被誉为"露天博物馆",荣列世界文化遗产预选地。30多年来,已接待来自全国各地和几十个国家及地区的中外游客千余万人。曾有多位国家领导人和许多外国使节到此视察考察,留下了珍贵的足迹。

四、村寨格局

贵州有句民谚:"高山苗,水仲家,仡佬住在岩旮旯。"所谓"仲家"是布依族旧称。因此,又有民谚曰:"客家住街头,仲家住水头,苗家住山头。"可如今郎德上寨苗族村民则说:"鱼住滩,人住湾。"

这有一个过程。

相传早年郎德先民住于寨后山梁上,后来才慢慢搬迁到山麓。"苗家住山头",人称"高山苗",避难使然。从前,只要发现地上有鞋印,村民便吓得赶紧往山里逃。那个时代,苗族村民只穿草鞋,或打赤脚。但凡穿鞋者,不是官兵便是歹人,苗胞唯恐避之不及。

郎德上寨中心区(雷山县委宣传部供稿)

随着人口日益增多，社会治安逐渐好转，住在高山上的苗族村民联袂搬到河谷地带居住。在山麓安家，既利于下田干活，又便于上山种地，还能确保住房不被水淹。

郎德上寨苗族村民从山顶搬到山麓，始于元末明初。今日家园，四面环山，一水中流，依山傍水，形同装有扶手的靠背椅。郎德上寨苗族村民自称其住地有"万马归槽""九龙戏水"之美誉。

总体看去，寨子坐南朝北。南有报吉山，东有养干山，北有干育山，西有干容炸当山。一条人称"望丰河"的小溪呈S形从寨脚缓缓流过，将干育山隔于寨子对面。群山竹木葱茏，小溪流水淙淙，木楼鳞次栉比，宛如世外桃源。

郎德上寨古建筑群的基本布局是：背靠报吉山，左扶干容炸当山，右扶养干山，面对望丰河左岸的干育山，围绕三口水井居住，依山就势择地建房。

郎德上寨的水井，其实都是泉。对于郎德上寨苗族村民来说，泉水是建寨的先决条件，别的苗寨也是这样。泉水不仅决定苗寨的位置，其数量多少及流量大小还决定着寨子的规模。

郎德上寨建有三座寨门，两个铜鼓坪，一个防火塘。池塘四周多建吊脚楼粮仓。栋栋吊脚楼民宅，檩接着檩，檐靠着檐，分外密集，究其原因，除节省用地外，还反映出强烈的家族凝聚力。

为满足心理上的安全需要，寨门外还建有"岩菩萨"，种有"保寨树"。所谓"岩菩萨"，相当于汉族地区的土地庙，只不过供奉的是一高一矮两块鹅卵石。

寨前望丰河上建有造型各异的汀步桥、独木桥、马凳桥、板凳桥、风雨桥，小溪两岸建有众多水车、水碾、水渠、水笕等水利设施，具有典型的苗乡田园风光。

五、自然环境

地形地貌：郎德上寨海拔在735~1447米。由于河流下切侵蚀强烈，形成主要为深切割的中山、次为低中山和高中山的地貌特征。沟谷纵横，山峦重叠，地形复杂，相对高差悬殊。

水文：郎德境内有望丰河1条，汇入巴拉河流入清水江，水能资源丰

第一章 苗岭明珠——郎德上寨

富。雷山全县有大小溪流216条，总长647公里，年均径流量5.3亿立方米，可开发水能资源1.56万千瓦。

气候：郎德上寨属北亚热带季风性湿润气候，冬无严寒、夏无酷暑，无霜期长，雨热同季，热量和水资源丰富。山地气候差异明显，年最高气温35℃、最低气温-8.7℃，一般年均气温15℃左右，年均日照1237.5小时以上，年降水量1336毫米左右，春夏偏多，秋冬偏少。气候适宜，风景优美，是人们理想的生态旅游目的地。

鸟瞰郎德上寨（雷山县委宣传部供稿）

植被：自元末明初建寨以来，村民就有朴素的环境保护意识，迄今森林覆盖率仍在75%以上，使安装有"美人靠"的吊脚木楼掩映在竹木葱茏之中。山地灌丛土有4个土带，含3个土类，2个土属，5个土种；构成高山灌丛、山地常绿落叶混交林、常绿阔叶林等3个垂直植被形态。孕育了二百余种生物物种，含国家珍稀保护动植物资源20余种。村域保护区总面积11880亩，其中核心区面积5010亩。

景观：这座秀美的苗寨像一颗钻石般镶嵌在半山腰，在寨前有大块大块的肥田和许多茂盛的竹林，村寨内民居错落有致，悠久的历史文化、和睦的人际关系、良好的自然环境、独特的吊脚楼群,尤其是苗族同胞们对自己文化自觉的保护意识,使郎德成为活力的苗族博物馆,郎德上寨无论是建筑环境、建筑布局,还是建筑工艺、建筑功能、建筑习俗,都具有民族特色,是物质文化遗产和非物质文化遗产紧密结合的载体。

六、社会发展

截至 2020 年 3 月 22 日,郎德上寨有 153 户 618 人,世居这里,全部为苗族。

1987 年,郎德上寨打开山门,对外开放。30 多年来,已接待来自全国各地和几十个国家及地区的中外游客千余万人。通过保护民族村寨,开展文化旅游,村民在欢歌笑语中奔上了脱贫致富的康庄大道。与此同时,具有悠久历史的民族文化遗产也得到了有效保护、合理利用。

2016 年接待游客 51.82 万人次,旅游综合收入 4.48 亿元,同比增长 35.41% 和 40.14%;2017 年接待游客 62.35 万人次,旅游综合收入 5.29 亿元,同比增长 20.32% 和 18.08%;2018 年接待游客 74.31 万人次,旅游综合收入 6.32 亿元,同比增长 19.18% 和 19.47%;2019 年接待游客 75.18 万人次,旅游综合收入 6.46 亿元,同比增长 1.17% 和 2.21%。

第二章
郎德上寨改革开放的领路人——陈正涛

陈正涛（1938—2018），是长期担任雷山县郎德镇郎德上寨党支部书记的一位苗族村民的汉名称谓。陈正涛自1962年担任村干部，直至2007年退休。退休以后，还在为郎德上寨的振兴与发展操劳着。通常人们称他为"陈支书"或"老支书"。他的苗族名字叫"显你波"。当地实行"父子连名制"。"显"是他本人的名字，"你"是他父亲的名字，"波"是他祖父的名字。有人认为，这种连名制，叫"子父连名制"更确切。当地苗族村民从前没有姓氏。"陈"姓是官方为登记户口、征收田赋方便"赐给"的。

原本郎德上寨被"赐"陈姓，因咸丰同治年间"杨大六"领导村民参加"咸同起义"失败后，全村70多户200多人被屠杀得只剩下15人，勉强组成4个家庭。同治年间，由于田多人少，种不过来，官方从凯里"舟溪"

陈正涛站在挂有招牌的自家房门外（李葆中供稿）

迁来几户吴姓苗族村民，与陈姓苗族村民以兄弟相称，互不婚配，沿袭至今。

所谓"杨大六"或"杨大陆"，是官方文书的记载。他的苗名叫"腊"，加上父名叫"腊略"。因他作战勇猛，清兵询问"这人是谁？"但听苗族村民惊叹道："羊打罗！"意为"雄死了"（亦即"勇敢极了"）。清兵误以为此人叫"杨大六"。于是，"杨大六""杨大陆"便上了官书。郎德上寨苗族村民深谙个中情由，乐将英勇无比的祖先称为"杨大六"。他的故居至今保存完好。

一、有科学理念的陈支书

郎德上寨率先对外开放，接待中外来客，在寨门外的山路上设置12道拦路酒（也时常说拦门酒），吹着芦笙，唱着酒歌，拦路迎客。然后将客人迎接到铜鼓坪上，为客人表演民族歌舞。最后，宾主手拉着手，踏着铜鼓、芦笙的节拍，围着铜鼓柱转圈，共跳"芒筒芦笙铜鼓舞"。

按照当地习俗，农历三月谷种播下后，直到六月稻谷抽穗过"吃新节"不能吹芦笙，否则"谷子不饱米"。用意明显是，这段时间要集中精力搞好春耕春播和夏季田间管理，暂停娱乐活动。郎德上寨人因为接待客人有收入，不在乎也不相信因为吹芦笙会真的"谷子不饱米"。何况，他们村中有个农艺师，汉名陈正文，当过村委会主任，指导村民科学种田，栽种杂交稻，年年都丰收。但附近村寨用老办法种田，收入赶不上郎德上寨，认为是郎德上寨违禁吹芦笙造成的。陈支书耐心解释，派人指导科学种田，推广杂交稻，他们也得到了好收成。

在陈支书带领下，郎德上寨苗族村民相信科学种田。县里相关部门，开展科技活动，乐以郎德上寨为试点。在许多农户吊脚楼板壁上，悬挂有"远程教育'一户一技能'党员示范户""雷山县农村'一户一技能'示范户""'美丽乡村·学在农家'示范户""'金种子'带富示范户"等标牌。村民以此为荣耀，吸引游人登上吊脚楼，顺便购买手工艺品。不少农户开设"农家乐""苗家乐"，供游人食宿。有的农户别出心裁，悬挂"芦笙手之家""非遗传承人""星级文明户""刺绣参观点"等标牌。陈支书的儿媳妇是最早开办"苗家乐"的村民。陈支书不再担任支部书记后，她在吊脚楼外板壁上悬挂一个十分特别的招牌，上书"老支书苗家乐"，让人忍俊不禁，效益比哪家都好。

二、有民俗意识的陈支书

郎德上寨开展文化旅游效果显著，与陈支书善于从当地民族风俗出发，利用传统习俗展示苗族文化有关。他与党支部、村委会的其他干部商议决定，聘任汉名陈玉辉、苗名"熊祥展"的人为"指挥长"，指挥村寨建设、旅游接待、歌舞表演，主持祭祀活动。这位指挥长辈分最高，知识丰富，办事公道，威信很高。他指挥村民修建两个铜鼓坪和总长3110米的石头路，全用鹅卵石铺成"鱼骨纹"。所谓"鱼骨纹"，即汉文化中的"席纹""麦穗纹"。苗族村民崇拜鱼，与汉文化不同。汉语中，"鱼"与"余"音相同，人们将莲花、鲤鱼组合成图，寓意"连年有余"。但在郎德上寨，村民并非都说汉语，也就未必都能取得"连年有余"之效。他们喜欢鱼，崇拜鱼，有更深刻的社会、历史原因。总的说来，既是渔猎生活的反映，又是生殖崇拜的表现。

在郎德上寨，许多人家都在室内栽种有花树，寓意长命富贵。村中旧俗，婚后多年无子，或子女体弱多病，从深山老林挖出两棵常青树，延请"巫师"作法事，植于室内醒目处，当成神灵供起来，即可实现愿望。这是树木崇拜的生动体现。由于郎德上寨苗族村民祖祖辈辈珍惜名木古树，着意保护天然森林，许多古树、大树被视为有灵的"风水树""保寨树"。凡是被视为"保寨树"的所有林木，一概不能砍伐，即便枯枝败叶，也不能背回家烧。如有哪位幼童犯忌，家长必以米酒鲤鱼之属祭祀古树，虔诚为子女"赎罪"。郎德上寨苗族村民认为"保寨树"能给村民造福，对人有庇护作用。他们从农业生产劳动，深谙"林茂粮丰人长寿"的道理。

"吃鼓藏""过苗年""扫火星"等重大节日庆典，也都离不开身为指挥长的"巫师"陈玉辉。"扫火星"，又称为"扫寨"，意在驱逐"火鬼"，确保"火不烧寨"。居住在苗岭山区的苗族村民，以杉木为柱，杉板为壁，有的以树皮为瓦。对于他们来说，"火神"既亲近又可怕。苗族同胞认为，在形形色色的鬼神中，"火神"地位最高，住在17层高的苍天上。相传世上最初有72个寨子，每个寨子72家，后来被"火鬼"烧了70个寨，幸存的两个寨子，又各自被烧了71家，仅剩两家。人们为了生存，不得不"扫火星"。郎德上寨"扫火星"，时间是过完"苗年"后的农历冬月第一个"龙日"。是日一早,全寨大扫除,把一切废弃物清除烧掉。吃过早饭,寨子里选出的17位上有父母下有儿女的"全福人"在"巫师"带领下,每人准备一个陶碗、一束辣椒、一把菜刀、一壶米酒,用竹篮或鱼篓之类提到"岩菩萨"前。"巫师"除准备上述物品外,还要特别带上一束绿茵茵的芭茅草和用稻草、棕片扎成的"火鬼"。"火鬼"有头有脚,状如一只巨蜥,又像一头野兽。活动开始前,将17个陶碗和用树叶叠成的小"碗",分别摆成一字形,内侧放置一碗米,两个陶质"酒海"。筹备就绪,"巫师"蹲在地上,左手拿着芭茅草,以抑扬顿挫的语调滔滔不绝地朗诵祭祀词,并不时用右手的手指抓大米,撒在地上,打卦占卜。约一个小时,参加活动的人往陶碗内斟酒。斟满酒,围上来,端起酒碗,蹲着共饮。场地附近,一只小鸡和一头黄牛静静地待在一旁,这是村民集资买来"扫寨"的。

饮酒毕,逐家逐户灭火。灭火用的水非同寻常。事先由一名生辰属龙,名字叫"翁"(即龙)的中年男子,挑来两桶漂着浮萍的干净水,然后由一位老者将一瓶"老水"倒入桶内。"老水"是祖宗留下的。早年,老人于山野僻静处埋藏一个陶罐,将"老水"装在陶罐内,长期保存,经年不干。

喝罢陶碗中的米酒,"巫师"手持"扫帚"(即芭茅草)、米碗、竹卦,挨家挨户"扫火星"。"巫师"一边走一边念一边抛撒大米,每到一家,先在门口打卦,然后进屋扫炉灶、扫火塘。那生辰属龙的人,挑着勾兑"老水"的浮萍水,跟着"巫师"逐家逐户"淋火"。一群手持木棍的儿童,在炉灶、火塘胡搅一通,象征"熄灭旧火,驱走火鬼"。其间,在各个路口插上草标,派人把守,不许外人进入,称为"封寨",严格禁止用火,寨内一片清凉。

扫完寨子,那17位"全福人"在"巫师"带领下,将场地迁至河对面,意为"以水隔火"。同时,将所用的黄牛拉到沙滩上宰杀。派人到河对面的寨子"讨新火",就地用鹅卵石垒灶,用讨来的"新火"将牛血、肠、肝、肚、肺搅和在一起熬粥。大部分牛血用于熬粥,小部分逐个注入树叶"碗"中,并将牛颚骨、"火鬼"朝东放在河滩上。"巫师"面向东方朗诵祭祀词,撒米、打卦,而后将小鸡杀死,把血滴在地上。做完这一切,算是用一头牛、一只鸡,将"火鬼"送走了。

祭祀完毕,粥也熟了,参加祭祀人员喝"扫寨酒",吃杂烩粥。村民隔岸望见烟火,走下吊脚楼,跨过独木桥,兴高采烈"接新火"。傍晚时分，竹木掩映中的苗寨升起了袅袅炊烟。这天傍晚，只蒸饭，不烧菜，那17位"全福人"杀了牛，面向东方送走"火鬼"、迎来"新火"之后，将牛肉、牛骨均匀分好，当各家各户带着蒸好的糯米饭，扶老携幼来到河滩时，任选一堆骨肉，就地用鹅卵石垒灶野炊。

入夜，河滩上，火光熊熊，酒歌阵阵，热闹非凡。人们吃饱喝足之后，将骨头丢进河里，用山溪水把碗筷清洗干净，让骨头与洗碗水跟着"火鬼"回到苗族先民居住的东方去。月色中，山溪畔，邻里彼此祝福："来年火不烧寨，水不冲田，家家打谷一百二十仓，人人活到一百二十年。"

实际上，每年冬月"扫火星"是一年一度的安全大检查、消防总动员。

农历冬月，即公历11月左右的"扫火星"，绝非迷信使然。吴正光的理解是，农历冬月，天干物燥，容易失火。冬天用火高峰行将到来，火患系数徒然猛增。当此时节，来一次防火安全大检查、消防全民总动员，苗寨称为"扫火星"，应当视为"公序良俗"。

陈正涛未学过民族学、民俗学，但他对这两门学科的运用，堪称是因地制宜的典范。

三、有管理意识的陈支书

郎德上寨"陈"姓村民分为四支，即四个"房族"。"杨大六"牺牲时尚未成家，没有嫡传子孙，但论辈分，村民清楚是杨大六的第几代孙。2011年，与吴正光先生同龄的陈支书73岁了，他建议与村民合影留念，其用意不言自明。那么多人，装得下吗？吴正光建议按"房族"分别合影。陈支书说："这样不好！"主张按党支部、村委会、老龄委员会、旅游接待组、民俗表演队、老年芦笙队、青年芦笙队、中老年妇女舞蹈队、青少年妇女舞蹈队、少年儿童舞蹈队等各种不同团体，分别合影留念。此举让吴正光感到，陈支书不想让村民因"房族"不同产生隔阂。

四、有消防安全意识的陈支书

1953年和1958年，郎德上寨发生过两次火灾，每次都烧掉几十户人家。陈正涛对这两次火灾刻骨铭心，他还有一个自觉的信念：保护好寨子，就是保护国宝。

陈正涛支书生前习惯每天都要巡逻全寨。任何一点安全隐患，都逃脱不了他的眼睛。当地村民说，郎德苗寨完好保存，老支书立下了汗马功劳，"他就是苗寨的守护神"。

在每年的"扫寨"活动中，陈正涛都加入了消防安全的宣教内容。他还在郎德上寨的村规民约中，规定了消防事项。1988年，村民陈某某家将炭火灰倾倒在厕所里，哪知炭灰内还有火种，引发火灾烧了厕所，幸好救助及时，没有殃及邻居。危险解除之后，陈正涛支书决定按村规民约，让陈某某请大伙吃饭，并承认错误，接受教训，今后加倍小心。郎德上寨因为消防意识薄弱而被处罚过的村民只有陈某某一人，现在全村的大人小孩安全意识都很高。

郎德上寨的村规民约对外来游客也有约束。早年，有剧组到郎德取景拍摄，剧组点燃了村寨门前用于拍摄的临时建筑，威胁到了村寨安全，陈正涛依据村规民约，对剧组作出了相应处罚。

自1958年之后，郎德上寨再未发生过一起损坏住房的火灾，这一现象引起了各级消防部门的关注，郎德上寨成为雷山县消防安全示范村。

2016年4月7日，陈正涛对《黔东南日报》记者李葆中说："郎德上寨是黔东南第一个对外开放的民族村寨，是国家级的文物保护单位，寨子里的吊脚楼一栋接一栋，消防问题显得十分突出。为解决村寨的消防和人畜饮水问题，省文化厅、省消防总队和凯里083系统的新云厂、永华厂慷慨解囊，修了这个水塔式蓄水池。蓄水池容积85立方米，人饮管道2300米，消防管道2600米。这个蓄水池，至今还在发挥作用。有一家报纸刊登新闻说这个蓄水池是我修的，不真实。我们只是投工投劳而已。老李，你是新闻记者，要给我们改正过来哈！"

郎德上寨改革开放的领路人陈正涛于2018年夏天与世长辞了，享年80岁。村民介绍说，那天傍晚，陈正涛上山割草，在回来的路上摔倒在水田里，面部沉浸在水里，窒息而亡。村民们说，老支书陈正涛临终时，给他深爱的大地一个深深的吻，平静地沉睡在大地母亲的怀抱里了。

村民评价道：在交通欠发达、信息闭塞、物资匮乏、村民思想落后的年代，作为当时村寨的党支部书记，他能接受外来者的发展建议，并大胆进行尝试，敢于做第一个吃螃蟹的人。他深知这注定要付出不一样辛劳，白天生产劳动，晚上还得组织召开会议动员村民，给自己和村民绘制看不见也没有参照的蓝图。动员起来了，就带领大家开始着手村容寨貌的建设。例如原来通向寨外以及寨子里的路都是泥巴路，之所以变成如今漂亮整洁的鹅卵石路，都是老支书当时带领老百姓一块石头一块石头从河边搬来铺砌而成的。除了组织搞外在建设，接待的内务事务也是他们摸石头过河探索出来的。分析和总结地方民风民俗，组织有才艺的年轻人组建迎接演出队伍，一个人一个人、一个舞蹈一首民歌地拼凑，让村民慢慢参与进来。简单来说，一是他敢于接受新事物，并发动群众付诸行动；二是作为一名党员，他有信念，且以艰辛的付出来坚持为民谋幸福的信念，不求回报。

| 第三章 |

郎德上寨的"伯乐"——吴正光

吴正光，生于1938年，苗族，湖南省凤凰县人。1958年至1963年在中央民族学院（今中央民族大学，下同）历史系攻读民族史与民族学。毕业后被分配到贵州省文化局（后称省文化厅），长期从事民族文化及民族文物保护、研究工作。历任省文化厅文物处处长，省抢救民族文物办公室主任，省博物馆馆长、研究馆员，兼任中国少数民族文化艺术基金会副秘书长、学术部主任，中国古代铜鼓研究会副理事长，中国民俗学会民族民俗博物馆专业委员会副主任，中国文物学会传统建筑委员会常务理事，中国文物学会专家委员会委员，中国文物学会民族民俗文物委员会副会长，中央民族大学民族学系兼职教授，《光明日报》特约记者，贵州省民族文化学会副会长，贵州省非物质文化遗产保护工作专家委员会委员。主要著作有《贵州古建筑》《贵州侗寨鼓楼风雨桥》《贵州的桥》《郎德上寨的苗文化》《屋里屋外话苗家》《十进侗寨》，以及《中国民族建筑》《中国古建筑文化之旅》《中国博物馆志》《中国边疆民族地区文物集萃》《中国民族民俗文物辞典》《中国历代名人胜迹大辞典》《中国文物地图集》《中国古村落》等大型图书的贵州有关部分。生平事迹曾在《贵州日报》《贵州商报》《山花》杂志、《北京日报》《光明日报》《中国文物报》《中国民族》杂志、《中外文化交流》杂志和中央电视台《东方之子》栏目作过介绍。1985年获文化部授予的全国文物博物馆系统先进个人奖。

吴正光是苗族，这使他从事民族民俗学研究工作又多了一层感情色彩。数十年来，他奔走于贵州各少数民族地区，与当地村民一起生活。在摸清了贵州民族文化遗产的家底的基础上，提出了著名的"文物维修与博物馆建设相结合、文物保护与旅游开发相结合、文化建设与经济发展相结

第三章 郎德上寨的"伯乐"——吴正光

合"的"三结合"理论。基于这一理论,一些不可移动的民族遗产被列为"贵州系列民族风情博物馆"对外开放,使民族遗产转化成为文化资源,获得了可观的经济效益。

苗岭大山掩映下的郎德上寨,一派歌舞升平景象。它是贵州省黔东南州一处著名的自然民族村寨。仅有百余户村民的郎德上寨,从最初无人知晓,到今天成为一处著名的旅游景点,其变化就因为一位民族学人对其价值的发现,他就是吴正光先生。他是第一个倡导对郎德上寨潜藏文化资源进行挖掘、开发、利用的。他是郎德上寨文化价值的发现者、开拓者。有人称赞他为郎德上寨的"伯乐"。

吴正光先生为郎德上寨主要做了些什么呢?

吴正光(中)与老支书陈正涛(左)和村民合影(吴正光供稿)

一、把郎德上寨作为典型苗族村寨保护

保护一批典型民族村寨,吴正光先生早已有此想法。1984年1月30日,贵州省文化出版厅发出由他起草的(84)黔文物字第1号文件,即《关于调查民族村寨的通知》。接着,他所在的文物处,与丹寨县文化馆组成联合工作组,到该县"大簸箕"苗寨调查,编写出《大簸箕民族村寨调查报告》,供全省各地调查民族村寨参考。这年秋天,为准备第二年在京举办《贵州侗族建筑及风情展览》,他前往黔东南侗族村寨考察鼓楼、风雨桥,路过郎德,发现有条小溪从西蜿蜒注入巴拉河。凭在农村长大的经验,他断定逆河而上必定有寨子,于是来到了郎德上寨。所见所闻,令他感动。他时任文物处处长,在调查许多民族村寨的基础上,建议遴选郎德上寨为保护试点。之所以如此,是因为他认为,郎德上寨符合《关于调查

民族村寨的通知》要求：

第一，历史比较悠久，并有历史见证可寻；

第二，建筑具有特点，能让人看出是什么民族的村寨；

第三，民俗具有特色，除建筑外，吃的、穿的、用的、玩的、说的、唱的等等，都有自己的特色，在婚丧嫁娶、衣食住行等方面，都有好传统；

第四，风景优美，景色迷人，能作为贵州省自然村寨的代表。

郎德上寨的历史文化、村寨建筑、民族风情、自然环境，都具有典型的苗族村寨特点。将其作为典型苗寨加以保护利用，有利于提高苗族人民的自豪感和郎德上寨的知名度，有利于增进世人对苗族文化的了解。

事实正是这样。郎德上寨苗族村民，以拥有山清水秀、竹木葱郁、吊脚木楼、华丽服饰、能歌善舞、热情好客的自然景观和民族风情而自豪。村民共同拥有自豪感，铸成了民族凝聚力，这是郎德上寨的民族魂。凭借这个民族魂，能吸引大江南北和世界各地对苗族文化饶有兴趣的观众游人前来参观考察。郎德上寨苗族村民认为，凡是前来参观考察的观众游人都是他们的客人。热情待客是苗族村民的优良传统，客人参观考察郎德上寨，心中留下美好记忆，由此对苗族同胞产生好感，村民感到自豪，认为自己为弘扬苗族文化作出了贡献。

吴正光先生本人是苗族，与村民有感情。他跟干部和村民讲清楚保护郎德上寨的重要性。着重指出：郎德上寨足以作为苗族村寨的典型代表加以保护。保护好郎德上寨，让全中国、全世界来到或者听说郎德上寨的人，认识苗族，夸赞苗族，消除对苗族的偏见，是郎德上寨的光荣，也是郎德上寨的义务。至于怎么保护，由村民自己做主。但要注意保护好自然环境，保护好村寨建筑，保护好民族风情，不要做有损民族优良传统的事。

二、打开山门迎远客

决定把郎德上寨作为典型苗寨保护重点后，1984年冬至1985年春，吴正光先生几次邀请中宣部宣传局、文化部文物局（今国家文物局）、中国文物保护研究所（今中国文化遗产研究院）、中国历史博物馆（今国家博物馆）、光明日报社、民族画报社、北京民族宫等党政领导、专家学者、新闻记者前往郎德上寨考察指导工作。省文物处拨款2万元资助整理村寨风貌。1986年，村民修整道路、寨门、铜鼓坪等公共建筑。同年，安排中央民族学院民族学系实习师生到郎德上寨调查，按照吴正光先生起草的调查大纲撰写调查报告。1987年，郎德上寨对外开放。同年4月，陪同国家计委社会文化司刘司长等考察郎德上寨。同年7月，安排中央民族学院民族学系实习师生到郎德上寨调查可移动文物，起草《郎德苗族村寨博物馆陈列大纲》；安排上海同济大学实习师生到郎德上寨测绘建筑。11月，陪同中国对外文物展览公司的摄影师到郎德上寨拍摄文物建筑和民族风情照片，为向国外宣传做准备。1988年7月，陪同新华社、中新社、中央电视台、人民日报社、光明日报社、人民画报社、北京周报社、中国文化报社、中国文物报社、国际商报社记者考察报道郎德上寨。1988年冬，陪同全国文物宣传工作会议代表前往郎德上寨考察指导工作。1991年3月，陪同文化部计划财务司曾司长等前往郎德上寨考察指导工作。1997年11月8日，陪同全国考古工作汇报会代表前往郎德上寨考察指导工作。同月24日，配合中央电视台在郎德上寨录制《东方之子·民族学人吴正光》。1998年10月，陪同国际铜鼓学术讨论会代表前往郎德上寨考察指导工作。2006年，陪同受国家文物局委托的清华大学教授陈志华、李秋香考察郎德上寨，确定世界遗产预备名单。

1988年至1989年，吴正光先生组织能歌善舞的郎德上寨青年男女，在西安、北京、深圳、顺德、广州和美国华盛顿州参与举办《贵州民族节日文化展览》《贵州苗族节日服饰展览》，表演苗族歌舞。1991年，他组织能歌善舞的郎德上寨青年男女，在北京参加首届中国民族文化博览会，举办"上郎德苗族村寨博物馆"展览，表演苗族歌舞。1992年至1993年，组织能歌善舞的郎德上寨青年男女，在京郊的国家级风景名胜区河北涞水野三坡苗寨表演苗族歌舞。

三、为宣传郎德上寨笔耕不辍

为宣传郎德上寨，吴正光先生在省内外几十种报刊杂志上发表300多篇文章；以先生为主编著了《苗寨郎德》（1988.6）、《郎德苗寨博物馆》（1998.8）、《郎德上寨的苗文化》（贵州人民出版社，2005.1）、《带你走进博物馆·郎德苗寨博物馆》（文物出版社，2007.12）、《沃野耕耘——贵州民族文化遗产研究》(学苑出版社，2009.9)、《西南民居·苗族民居》(清华大学出版社，2010.5)、《屋里屋外话苗家》(清华大学出版社，2012.9)七本书；与人合作出版《贵州节日文化》(中央民族学院出版社，1988.8)、《中国博物馆志》(华夏出版社，1995.6)、《中国民族建筑》(江苏科学技术出版社，1998.12)、《中国边疆民族地区文物集萃》(上海辞书出版社，1999.12)、《中国民族民俗文物辞典》(山西人民出版社，2004.8)五本书。

回首郎德上寨保护苗族文化的历程，让吴正光先生深刻领悟到：村民具有很强的凝聚力，他们把保护历史文化遗产、向世人展示苗族文化，视为光荣使命，堪称郎德上寨的民族魂。做好民族文化遗产保护利用工作，关键要有民族魂，这是珍贵的启示。

四、"到了那一天，我要去郎德"

随着文物保护工作的不断深化和乡村旅游业的蓬勃发展，郎德上寨的环境越来越美，风情越来越浓，工艺越来越精，收入越来越多，名声越来越大。吃水不忘挖井人，村民们感激吴正光先生。近年来，他每一次到郎德上寨，都会陶醉在一派歌舞升平的氛围之中，村民们会用深情的酒歌、醇香的米酒来敬吴正光先生，酒酣耳热之际，村民们深情邀他："巴娄，到了那一天，要到郎德来噢。"村民说的"到了那一天"意为"百年之后"。吴正光先生深为这一终极邀请所打动，他考虑到自己已经年逾古稀，就与家人商量，下定决心，留下遗嘱："到了那一天，我要去郎德！"

2009年12月10日，吴正光先生发表了一篇题为《到了那一天，我要去郎德》的文章。这篇文章表达了文博专家、民族学专家吴正光先生与郎德上寨的不解情缘，也是一位学者博大的胸怀与真挚情愫！全文如下：

我出生在有"湘西第一苗寨"之称的湖南省凤凰县勾良村，勾良村坐落于人称"南方长城"的西北角，是个拥有400多户2000多人的苗族村寨。但最让我魂牵梦萦的不是我的故乡——勾良苗寨，而是贵州省雷山县郎德上寨。后者现在是"中国民间艺术之乡""中国百座特色博物馆"，其村寨建筑于2001年被国务院核定公布为"全国重点文物保护单位"，2006年被国家文物局重新列为"中国世界文化遗产预备名单"，2007年闪亮跻身于"中国景观村落"，2008年光荣成为"奥运圣火走过的地方"。25年来，为保护郎德上寨的苗文化，我在担任贵州省文化厅文物处处长、博

第三章 郎德上寨的"伯乐"——吴正光

物馆馆长期间，以及退休后在省文物局"打工"的日子里，不知去过多少次，估计不下百次吧。

1984年秋，我去黔东南侗族村寨考察鼓楼、风雨桥，路过郎德，发现有条小溪从西蜿蜒注入巴拉河。凭在农村长大的经验，断定逆河而上有寨子，于是来到了郎德上寨。寨子不大，植被蛮好，吊脚木楼掩映在竹木葱茏中。信步登上一栋吊脚楼，推门进屋，猛然间，女主人一手把门关上，顺手将一碗米酒塞到我嘴边。男主人拿着渔具下楼，说"抓几条鲤鱼下酒"。之后，走进另一家，但见一位老人坐在吊脚楼上的火塘边烧红薯。他说，"大队干部到公社开会去了"，并说土改时他曾当过村干部，"算是寨老啦"。说话间，主妇端来一锅豆腐，放在火塘中的三脚架上，斟酒让我与老人喝。我问："你们不认识我，为啥这么热情？"他说："你是客人，热情才好，这是苗家的规矩。"我告诉老人，我是苗族，会讲苗话，只是湖南方言与贵州有差别，但太阳、月亮、洗脸、洗脚、烤火、喝酒等常用语是一样的。我成心在寨老家住一夜。好客的主人在吊脚楼上款待我，同席者有几位德高望重的老人。席间，先是主妇上来敬酒。她左手端着酒碗，右手端着"酒海"（一种有柄有流的陶器），用"飞歌调"唱道："木头浪里流，客来喜心头；贵客到我家，喝碗迎客酒。"接着，一对梳着唐代发型、头戴耀眼饰物的少女，落落大方高声唱道："天天杀牛等你，你不来，天天杀鸡等你，你不来，今天哪样都没有你却错路到我家，家里哪样都没有，只有一碗米酒，你要是不嫌弃就把它喝了吧！"歌声未落，酒碗早已捧到我嘴边。一首歌，两碗酒，说我是用两只脚走来的。喝了半晌，眼看将要收场，暗自庆幸："今晚没喝醉。"不料，两位身着传统苗装的中年妇女，手捧"酒海"、鸡蛋等物，笑眯眯走上吊脚楼，把鸡蛋交给主妇后便各自拉条小板凳在我左右两边坐下。我明白，她们是来"闹寨"的，还要和我喝一通。我赶忙起身求饶，声言今晚喝多了。她俩把我按下，把酒斟满，唱了起来："我们好比一片树叶，不晓得被哪样风吹到你家大门口，请你不要把我们扫出去，麻烦你把我们扫进来，扫进你家灶膛，我们煮饭给你吃；我们好比一颗石子，不晓得被哪样水冲到你家大门口，请你不要把我们踢出去，麻烦你把我们踢进来，踢进你家院坝，我们铺路让你踩。"听罢，激动不已，任其灌酒。

我被灌醉了，情不自禁掉下了眼泪。可她俩却异常开心接着唱。究竟唱些什么，我已全然不知。次日醒来，我问寨老，她们唱些哪样？寨老儿媳说，她们唱的是：巴娄（伯伯）呵！你为哪样伤心？你为哪般难过？是不是想念"米娄"(伯母)了?今晚月色有多好,我们出去"游方"吧。说出去就出去,上一根田坎,下一根田坎,我们来到了河边。河边好多水车呵,它们都在唱"飞歌"。你听!它们唱哪样?它们唱的是:"巴娄要是不嫌弃,我们两个跟你走!"这一醉,让我与郎德上寨结下了不解之缘。自那以后,我决心帮助村民保护民俗文物资源,竭力将郎德上寨建成展示苗族文化风采的村寨民俗博物馆。

郎德上寨是"平杨王"杨大六的故乡。清咸丰初年,"苗疆六厅"连年大旱,颗粒无收,官府横征暴敛,有增无已。在太平天国影响下,咸丰五年(1855年)爆发了近代史上规模最大的苗族农民起义。杨大六率领村民在郎德上寨修建的围墙、战壕、隘门、军火库等遗址迄今犹存,已被参天大树所覆盖。

郎德上寨自元末明初形成以来,已有500多年历史。村民沿用"父子连名制",几位寨老能够背诵20多代祖先的名字。以25岁为一代计算,已有五六百年,大约相当于元末明初。清咸丰初年有70多户200多人。"咸同起义"失败后惨遭血洗,仅幸存15人,勉强组成4个家庭。经过百年发展,新中国成立初期恢复至50多户260多人。又经过半个多世纪的发展,今有100多户500多人。

郎德上寨建有寨门,客人进入村寨时,村民于寨门外设置12道拦路酒隆重迎客,并将芦笙队排列于寨门外的田坎上,鼓腮劲吹,山鸣谷应。每当"过苗年""吃鼓藏"送客过寨门,举行妙趣横生的打酒印、拴彩带、挂红蛋等仪式。寨门送客,以歌拦路,宾主对唱分别歌,一唱就是几个时辰,寨门成了"播种爱情"的地方。"说起分离就分离,说起分离眼泪滴;说起分离眼泪淌,人不分离泪分离。说起分开就分开,说起分开眼泪来;说起分开眼泪淌,人不分开泪分开。""客人已走远,好像河上船;顺水划下去,木钩勾不转。客人翻过坡,没人来对歌;留我一个人,心头好难过。"

村民常说:"后生不学唱,找不到对象;姑娘不绣花,找不到婆家。"其实,男女都得学会唱歌跳舞,才能获得与异性交往的资本。歌舞水平如何是情场角逐取胜的关键。月明星稀,夜深人静,外寨后生来到游方场与姑娘对歌:"你寨树木高,棵棵栋梁材;你寨姑娘美,个个惹人爱。要是还没嫁,嫁到我们寨;善良又勤劳,生活真愉快。""我寨树木矮,难得长成材;我寨姑娘丑,难得有人爱。至今还没嫁,等待情人来;要是不嫌弃,由你挑着带。"情投意合之后,互赠信物。每逢过苗年、吃鼓藏,身着节日盛装,踏着铜鼓、芦笙的节拍跳舞。后生吹着芦笙向姑娘讨花带。要是讨不到花带,芦笙曲调会骂人:"姑娘哎,你为哪样这么笨?看你穿得干干净净,长得白白嫩嫩,就是不会织花带,咋个嫁得出去啊!"

歌舞表演(孙本灵供稿)

郎德上寨吊脚楼的文化内涵非常丰富。在许多农户的大门上钉有醒目的口嘴标。"打口嘴"是处理是非口角、解决矛盾纠纷的特殊方式。人际之间出现不和,以为有鬼作祟,由巫师按照一定程序打狗、杀鸡、宰鸭、喝酒、念咒语,并将荆棘、树根、破网、废铁、狗骨头、鸡鸭毛之类据称具有逐鬼避邪功能的口嘴标插在门楣上,以为如此,公开矛盾,重归于好。如果今后再出现纠纷,双方必须竭力克制,否则于己不利,导致"断子绝孙、不得好死"。吊脚楼上安装有"美人靠"。由于苗族同胞在依山傍水的山间河谷地带安家落户,其住房背山面水而立,故在"美人靠"上凭栏远眺,总能饱览赏心悦目的山区景色。"美人靠"楼下是通道,每当行人过此,不论认识与否,楼上楼下总要打个招呼,遇到生人还格外热情。吊脚楼大门的连楣,刻意雕成水牛角形状。民间传说,水牛是大哥,老虎是小弟,有了水牛把门,可保一家平安,生动反映苗族社会从渔猎时代向农耕时代的转变。苗族民居一般不设神龛,以水牛角当"祖灵"。高寿老人辞世,家人遵照死者遗嘱,"砍牛"治丧,留下牛角,供奉在堂屋东侧中柱下，视为祖先灵位。如果经济条件较差，也可杀羊治丧，聊以羊角当"祖灵"。大人不能随意触摸"祖灵"，小孩可以例外，说是"孙孙和他爷爷玩"。堂房东壁上贴有用白皮纸剪成太阳、月亮图案的"保爷"，以为如此，福寿康宁。崇尚东方，源于祖先自东方迁来。不少人家栽有花树。婚后多年不育，或者有女儿无儿子，延请巫师作法事，到山上挖出两株常青树，栽在堂屋中柱下，实为树木崇拜的生动表现。苗族村民认为，树木可保人寿年丰，因此，特别崇拜保寨树。树下不得大声喧哗，尤其不准便溺。孩童无意犯忌，家长必以酒鱼祭树，虔诚为其赎罪。村民认为，树木能给人类造福，对人有庇护作用。他们从长期农业生产劳动中，已深谙"林茂粮丰人长寿"的道理。

郎德上寨自1987年打开山门对外开放以来，已接待中外宾客百余万人，去年旅游收入占全村总收入的五成以上。随着文物保护工作的不断深化和乡村旅游业的蓬勃发展，环境越来越美，风情越来越浓，工艺越来越精，收入越来越多，名声越来越大。大概因为这些，村民深情邀我："巴娄，到了那一天，要到郎德来噢。"他们说的"到了那天"意为"百年之后"。我今年72岁了，深为这一终极邀请所打动，经与家人商量，下定决心，留下遗嘱："到了那一天，我要去郎德！"

附录一：贵州省文化出版厅关于调查民族村寨的通知

（84）黔文物字第1号

各地、州、市文化局（文管会），各县、市、特区文化馆（文管所）：

我省是个多民族的省份。我省各族人民在开发贵州高原的长期历史发展过程中，修建了许多具有地方特色和民族风格的自然村寨，生动地反映了我省各族人民的历史文化和创造才能，具有重要的民族、民俗文物价值。有选择地保护好具有地方特色和民族风格的民族村寨（包括汉族村寨），对于研究贵州的建筑艺术、民族历史，进而建立一批露天的民族、民俗博物馆，借以推动两个文明的建设，具有十分重要的意义。

为此，请各地在文物普查的基础上，广泛开展对民族村寨的调查工作（调查提纲附后），并将调查结果报告我厅文物处。我厅拟在各地调查的基础上，会同有关部门选择一批典型村寨，提请省府公布保护。

1984年1月30日

附录二：民族村寨调查提纲

目的是保护和继承优秀的历史文化遗产，为建设具有民族特点的社会主义文明服务。

一、调查内容和要求：

1. 历史比较悠久：至少有两三百年（十代人以上）的历史，并有历史见证可寻；

2. 建筑具有特点：具有典型意义，能让人一看就看出是什么民族的村寨（如侗寨有鼓楼、戏楼和花桥等等）；

3. 民俗具有特点：除建筑物外，吃的、穿的、用的、玩的、说的、唱的等等，都有自己的特点，在婚丧嫁娶、衣食住行等物质生活和精神生活的各个方面都有自己的好传统；

4. 风景比较优美：山清水秀，景色迷人，能作为我省自然村寨的代表；

5. 交通比较方便：一般来说，要与风景名胜、文物古迹相结合，交通比较方便，利于参观游览；

6. 生活较为富裕：至少要中等以上生活水平，这样才有利于保护和参观。

二、调查步骤和方法：

1. 有关单位开个碰头会，商量有关事宜，组织力量调查；

2. 取得调查资料（包括文字资料和照片资料），为鉴选提供依据；

3. 组织有领导干部、专业人员和少数民族代表人物参加的鉴选小组，深入自然村寨，进行比较研究，选定保护对象；

4. 系统整理资料，提请省人民政府公布省级保护名单（县市或州人民政府亦可公布自己的保护名单）。

三、保护要求和措施：

1. 在保护范围内，不得修建与原有建筑物风格不相协调的新建筑物，如要新建，需保持一定距离；

2. 对原有建筑物要作适当的整修，按照"恢复原状"的原则，发动群众整修，经济确有困难者，国家可酌情补助；

3. 美化环境，如植树种花，修整篱笆，修桥补路，掏沟除渣，尽量使环境清洁、美化；

4.在可旅游、参观的村寨，大力发展有地方特色和民族风格的旅游事业，因地制宜地经营刺绣、蜡染、编织、雕刻等工艺品，经营民族风味的特殊食品，由集体（或重点户）开办旅社，接待游客；

5.大力扶植民间文化组织（如芦笙队、地戏班、侗戏团和各种歌队等），开展丰富多彩的民族文化活动；在有民族节日集会的地方，更应积极开展内容健康的传统文化体育活动。

总之，要尽可能把具有地方特色和民族风格的民族村寨，建设成既有历史传统，又有现代文明的社会主义村寨。这样的文明村寨，就是别具一格的露天民族、民俗博物馆。

第四章
第一段发展历程——工分制模式

一、工分制模式的诞生

郎德上寨的旅游开发最早可以追溯到 1984 年 1 月 30 日贵州省文化出版厅发出《关于调查民族村寨的通知》时，在当地政府上报和布置民族村寨调查工作中，郎德上寨便开始以特色民族村寨的方式进入官方的视野。1984 年秋，省文化厅文物处处长吴正光为准备次年在京举办的《贵州侗族建筑及风情展览》，前往黔东南侗族村寨考察鼓楼、风雨桥，路过郎德，发现有条小溪从西蜿蜒注入巴拉河。凭在农村长大的经验，他断定逆河而上必定有寨子，于是来到了郎德上寨。所见所闻，令吴正光感动，决定把郎德上寨作为典型苗寨保护试点。在对寨子进行了深入的了解之后，吴先生等人与当地的干部开始进行村寨的开发与保护的策划。经过他们与当地人的共同努力，贵州省文化厅根据《贵州省文物保护管理办法》的有关规定，在 1986 年将郎德上寨列为民族村寨保护重点单位，并资助村民整理村容寨貌。此后，各级政府的相关部门不仅在经济投入上对郎德上寨给予支持，还在策划上邀请了许多专家学者对当地的开发进行指导，提供智力支持。由于合理的指导和科学的管理，郎德上寨作为民族特色村寨其建设得到了来自当地村民、学术界、政府官员和旅游者的共同认可。1986 年，郎德上寨被国家文物局列为全国首座露天苗族风情博物馆，此时，文物保护工作和实际的旅游发展推动了其旅游发展模式的形成。里程碑的事件当属 1987 年村委会的一个重大决定，即引导全村放弃现有的种收成本较高的烟草种植项目，以"郎德上寨"的名义，对外树立品牌，打开山门，正式投入到新兴的旅游接待中。

郎德上寨作为景区自得到开发以来,一直保留着传统的村寨建筑和苗族文化观念中的建设形态,没有经过商业开发,这里的古建筑群和清朝苗族起义的军事遗址是郎德上寨珍贵的物质遗产,淳朴的民风民俗、古老的民族礼仪和底蕴深厚的民间歌舞都是郎德上寨的旅游资源。这里的历史和文化内涵,使其具有了更多的观赏和旅游价值。从20世纪80年代以来,郎德上寨已经接待了来自全国各地和外国游客共计千余万人,村民们通过保护民族村寨、开展文化旅游的方式走上了脱贫致富的道路。

整体上看,在国家文物保护单位自上而下的管理和村民自觉意识保护下,郎德上寨的民族文化得到传承和保护。其旅游发展模式是国家文物保护单位管理下,以社区为主导,全民参加,以工分制为其经营管理机制,政府有限参与。

为保证家家参与旅游发展,户户共享旅游利益,长期以来,郎德上寨都实行村民主导的工分制管理模式,形成了独具特色的"郎德模式",不仅迎来了大量中外游客,其模式经验还引起了相关学者的广泛关注。从1987年旅游开发至2015年,郎德上寨的旅游发展已经走过了28个年头,其旅游经营模式一直是工分制模式。

郎德上寨作为贵州省旅游开发最早的少数民族村寨之一,在旅游发展过程中一直是在探索中发展,在发展旅游之初,就顶着很大的压力。陈正涛是郎德上寨的老支书,他是郎德上寨发展旅游的发起者,见证了郎德上寨旅游发展的曲折历史。他曾经说过:"1987年刚开始旅游开发时,我带领乡亲们发展旅游是顶着很大压力的,因为苗族对敲铜鼓和吹芦笙有严格的民俗禁忌,一般逢年过节才敲鼓吹笙,怕坏了传统风俗,影响寨子的兴旺和五谷丰收。"

在他的带领下,村民们打破传统思想的束缚,开始探索发展旅游业,接待了很多国家领导和国外重要嘉宾,旅游业得到迅速发展,美名远播,一度成为贵州东线民族风情旅游首选地。特别是2008年北京奥运圣火传递凯里站把郎德上寨作为起点,一度引燃了郎德上寨旅游旺火。陈正涛对人说:"旅游旺季时,游客很多,特别是外国游客,光接待旅游团每天都从早忙到晚,自家的农活都没空做,还得请外寨的村民来做,旅游收益也是非常可观的。"当时的表演一场是五六百元,一天五六场也是常有的,一年下来旅游收入也有五六十万元。

自郎德上寨开启旅游接待以来,一直实行"家家参与,户户受益"的

第四章 第一段发展历程——工分制模式

工分制,被外界称为"郎德模式"。郎德上寨的工分制是对中国集体化时期工分制的继承与发展,继承了集体时期"按劳分配"的原则,发展了其运作的模式,具有自己的特色。郎德工分制是在发展乡村旅游中创建的一种收益分配制度,是郎德上寨苗族人面对旅游发展,按照苗族文化的逻辑,自主设计的一套集管理与分配于一体的旅游发展模式。在对郎德上寨工分制的研究中,有人注意到了其实质:

郎德工分制体现了不同分工之间的差别。另外,郎德工分制是自愿的,规矩是大家讨论出来的,体现了村民的意志。

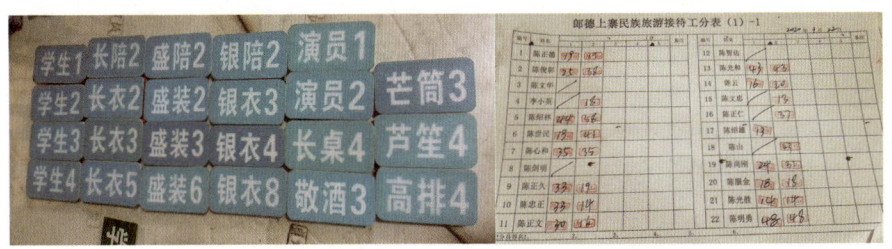

工分牌(陈志刚供稿)　　　　　　工分表(陈俊宇供稿)

郎德上寨工分制的设计并不是由上到下、由外到内给予的,而是在旅游发展过程中自然出现的一种管理体制。在郎德上寨调查时,有人说工分制是由老支书陈正涛发明创造的,但经过不断访谈,发现老支书在工分制的设计中具有重要影响,但工分制并非其一个人设计的,而是由一批人,如老支书、寨老等经过不断的修改自然形成的。当时,郎德上寨的乡村旅游刚刚起步,其服务工作主要是接待外面来考察的领导和外宾,村民并没有将其作为一种产业,而是因苗家的好客对客人进行接待而已。参与接待需要占用农业生产的时间,村集体也因此产生了一些效益,故而采取货币的形式对参与接待的村民进行补偿。80年代中期的工分制只不过是一种"误工补贴",激励村民参与接待。后来,由于接待量的增加,郎德上寨旅游收入持续上升,如何进行分配的问题提上日程。据村里老人回忆,开始时村寨将接待收入平均分给参加接待的村民,但哪个来的多、出的力多,没有明确的记录,在进行分配时就出现了矛盾。开始搞旅游的时候就是按报到的人来登记的,有一个会计专门记名字。后来就慢慢有一些来得早,一些来得晚,这个也是按工分来计算的,但是很麻烦,比如有些人说来了,忘记录名字了。因此,旅游接待小组进行改革,每个人参加接待时发一个"牌牌",凭牌子领取报酬。这些"牌牌"像集体化时期的领工分,因此郎德人叫"牌牌"为"工分牌"。

郎德上寨工分制的演进经历了三个阶段：第一阶段从 1987 年开始，当时为准确记录并支付表演者的酬劳，采取的方式是专人在表演开始和进行中登记表演者的姓名并记录工分。但这种方法易产生的弊端是部分表演者得知名字被登记后中途离场，影响演出质量。第二阶段，针对上述缺陷，20 世纪 90 年代开始改为演出结束后发放记录演出项目的条子，月底凭条子领取酬劳，但容易出现条子丢失的情况，导致参与者难于领取报酬，影响参与积极性。第三阶段，为避免上述问题，2007 年旅游接待小组办公室出台了新的工分卡发放制度，即工分卡在演出前、演出中、演出后由工分卡负责人分三次发放，演出结束后，负责人将工分卡收回，核对后把工分记录到各户的工分本上，之后交给会计汇总，根据每月总工分及收入总额确定各户酬劳。

随着郎德上寨游客量的逐年增加，为应对与旅游相关的事务，村民于 1994 年初自发成立了旅游接待小组，负责全村的旅游管理与运作。旅游接待小组办公室下设芦笙队、歌舞表演队、工分发放组、工分计分组、卫生及后勤组。接待小组组长由村民民主选出，三年选举一次，由全体村民投票决定，旅游接待小组成员与村委会有交叉，村支两委负责人不得同时兼任接待小组组长。其他小组成员包括村支书、村主任、会计及各村民小组组长以及热心于村中事务的普通村民。旅游接待小组日常运行的经费来源于集体接待总收入中提取的 25%。

自 1987 年进行旅游开发以来，郎德上寨的旅游社区就一直采用工分制的形式，并且经过几十年的不懈努力，郎德上寨探索出了一套完整的利益分配工分制的模式。

郎德上寨的工分制是一种对参与迎宾和歌舞表演的本寨村民按照角色和贡献差异发放面值不同的工分牌的做法。工分牌的发放由村主任等村委会领导负责；工分的统计工作由旅游接待小组成员负责，以户主（家庭）为单位逐人逐次登记，并将总分汇总到"郎德上寨民族旅游接待工分表"。月末将当月旅游收入的 75% 按照工分的额度比例结算给每户家庭，旅游收入的 25% 留作公用。旅游账目定期公示，做到透明、公开、公正。

郎德上寨社区旅游工分制有以下特点：①歌舞表演是社区最主要的旅游项目，本寨全体村民，都有平等参与表演权与分配权。原则上全寨每个村民都可以来参加表演与进行分配。由于有的村民外出打工或在外读书、工作等原因，目前能正常参与旅游表演接待的有 300 人左右。在外面读书或工作的村民回村时均可参与接待,但出嫁的姑娘除外。②凭分记酬,按劳分配。村委规定,在旅游接待的表演总收入中,村委提留25%,用于寨上修桥补路,维护寨容寨貌以及与旅游有关的开支。其余的75%由村民按劳分配,凭工分计酬。每场旅游接待以家庭为单位,按家庭实际出工人数,记工分一次,多来多得,少来少得,不来不得,每月结账一次。旅游收入和分配情况定期公布,受村民监督。③村民参加接待按"角色"和"着装"不同而工分不同。④在确保人人平等参与旅游接待的基础上,工分制向普通群众、妇女、老人、小孩等弱势群体倾斜。例如参与旅游管理的旅游接待小组成员每个人每场只能拿18分,而群众演员每人每场最高可拿20分;作为演员的妇女如果能全程参与完整接待表演,其工分数要高于参与全程表演的男性;70岁以上的老人和老年病号每场都有6分。⑤为保证群众能按时和自始至终参与旅游接待,村里实行严格的工分票分阶段发放制度,村里根据不同参与人员制作不同分值的工分票,以穿戴是否整齐和是否按时到岗到位来分阶段发放,由有关村干负责各组(如老年组、妇女组、表演组、学生组等)工分票的发放和回收登记。⑥每场表演散场后登记工分,月底分红。每场表演结束后,由各组发票人员负责收缴登记,再到村会计处汇总。村会计必须把每场接待中每户居民所得工分作登记,每月结算一次进行分红。会计须算出各户月总工分,再算出当月全村总工分和当月可分配金额总数,然后以当月总收入确定当月每个工分值多少钱,最后算出每户村民应分得的金额数。

旅游接待工分发放有如下的规定:①游客进寨时开始首次发放工分牌。②游客全部进寨门,迎接芦笙停奏,开始二次发放工分牌。③进入铜鼓坪,停发工分牌。④穿戴不齐或中途退场者,扣除相应工分;首次领不到工分牌者还有二次领取工分牌机会。⑤旅游接待工分牌发放过程做到公平公正,不得作弊或发感情票,具体由郎德上寨旅游接待小组监督、执行。

旅游工分的种类和面值:①种类:按职能可分为迎宾客、演员、陪场、群众;按衣着不同分为银衣、长衣、便装、盛装、银角。②面值:按发放顺次、参与者的服装穿戴整齐程度和具体分工,工分牌赋以不同分数。

旅游接待工分的统计:①首先将全寨村民按照4个村民小组分别用红、粉、绿、蓝四种颜色的账本登记造册,以便于分组统计工分。②工分牌分为红、黄、白、蓝、黑五种颜色,按照表演场次轮流发放。每次统计当天当次表演，只将一种颜色工分牌纳入统计。③每人将所得工分牌交由旅游接待小组成员，统计到自家账本。④会计将当天账目汇总到全寨旅游工分统计表。

郎德上寨的工分制不仅是对传统工分制的创新和发展，更体现了郎德人的智慧，蕴含了朴素有效的管理学原理：公平原则——参与旅游接待的村民都有工分，充分调动积极性；差异原则——能者多劳，多劳多得，避免平均主义；公开透明——及时统计，定期公示；流程控制——分次发放，不影响接待活动；分类管理——明确分工、各司其职，保证有序性；量化管理——减少因主观因素带来的不公平；监管机制——防止工分作弊，保证工分有效公平。

二、工分制模式的特征

郎德上寨是我国较早实施旅游开发的少数民族村寨，自旅游开发启动以来，一直将"所有人为村寨的建设和保护出过力，应该家家受益"的核心原则延续至今，村民在决策与管理、经营与接待以及社区文化资源、环境保护中居于核心主导地位。其全民参与、自组织管理、以工分制为典型特征的组织结构与制度安排，被称为"郎德模式"。作为我国民族旅游村寨自组织管理的典型代表，"郎德模式"在国内民族村寨旅游开发中独树一帜，对于民族贫困地区文化旅游资源富集区探索内源式旅游发展模式有着积极的实践借鉴意义。那么，郎德上寨旅游业是如何发育的？旅游业成功启动后是如何组织运行的？与地方政府和业务主管部门关系如何？"郎德模式"的典型性和借鉴价值何在？面对地方政府发展战略的转向、日趋成熟的旅游者和激烈的区域竞争，"郎德模式"将面对哪些挑战？如何调整并优化郎德上寨自组织模式？

民族旅游村寨治理模式的核心在于围绕村寨旅游开发形成的一系列针对利益相关者的制度安排，即民族村寨旅游开发中，社区、地方政府及外来企业的角色定位、权利范围的制度性规定。从结构性安排视角出发，郎德上寨景区化进程中的组织特征可概括为：全民参与、自组织管理、政府有限介入。

（一）全民参与

改革开放为中国博物馆事业和文化遗产保护带来了新的生机，《中华人民共和国文物保护法》的颁布为博物馆建设和文化遗产保护提供了制度保障。在此制度环境下，贵州文化部门为响应中央号召，组织对全省各地的古迹、革命遗迹和民族节日等进行广泛调查。因贵州建省时间较短（明永乐十一年，即1413年"贵州督指挥使司"正式设立），被王朝帝国开发"教化"较晚，不像其他省区拥有数量众多的符合传统文物保护中历史悠久"时限性原则"定义的"文物古迹"，但民族村寨作为民族文化遗产的主要载体，其自然、活态、物质遗产与非物质遗产有效结合等特征，为贵州突破"文物古迹""文物保护"的既定概念，开拓贵州文物保护工作提供了新选择。郎德上寨因作为抗清英雄杨大六的故居、特色鲜明的古建筑群与地方民俗以及优美的自然生态环境被遴选为村寨博物馆加以建设。

从村寨到博物馆的转换为郎德上寨社会文化再造与村寨发展提供了新机遇。1986年5月，郎德上寨获得省文化厅2万元的经费资助，这为郎德上寨村委会组织动员作用的发挥以及村寨集体行动能力的生成奠定了物质基础。在贵州省文化厅经费的资助下，郎德上寨村委会借助人民公社时期村民集体行动的余温和村民对美化村寨环境的良好夙愿，动员全村农户投工投劳，对寨中的道路、芦笙场和寨门等进行整修。在村民的共同努力下，郎德上寨的村寨环境得以优化，生活质量得到提升。在村寨修整的集体行动中，村民对村寨的归属感和认同感获得增强，自组织能力得到文化主管部门的认可。1987年，郎德苗寨再次获得省文化厅3万元的经费资助，村民大受鼓舞，投工投劳，将寨中生产队时期公有的粮仓改为旅游接待室和民族文化陈列室；新修了杨大六故居。当年11月，郎德上寨被选为贵州省文化厅组织的全国文物专家考察团接待点。接待来访的考察团时，村民积极参与营造的热情好客的接待场面为来访客人留下了深刻的印象，获得了文化厅的高度认可。在贵州省文化厅和外来考察专家的推介下，郎德上寨的知名度得以传播，旅游接待频次逐渐增加。1988年，郎德上寨青年陈光文等人应邀参加贵州民族节日文化表演队赴西安半坡博物馆表演民族歌舞。同年，国家文化部副部长到郎德上寨参观考察，来自美国、英国、日本等国的海外游客到郎德上寨参观旅游。参与旅游接待的村民理性意识到，作为郎德上寨的核心旅游产品，12道拦路敬酒仪式和铜鼓坪歌舞表演（尤其是最后的团结舞）以及整个苗族文化氛围的营造，几乎需要全体村民共同参与才能完成，村民参与的缺失将使旅游吸引力和游客感知效果大打折扣。因此，本着"所有人都为村寨的建设和保护出过力，应该家家都受益"的原则以及维护村寨核心旅游产品吸引力的理性需

歌舞表演（雷山县委宣传部供稿）

要，村寨的村规民约等相关旅游接待制度规定，作为本村村民，不需要任何技能，只要穿上民族服饰聚在铜鼓坪周围便可得到工分。这一规定实际上确保了全体村民，尤其是村中的弱势群体，如老人、小孩等也有机会参与旅游利益分配，充分体现了全民参与的特点。从组织情况看，郎德上寨除了部分村民因外出务工或外出求学、工作等原因未能参与旅游接待外，基本实现了全民参与。

（二）自组织管理

为鼓励群众积极参与旅游接待，营造与烘托民族村寨浓厚的文化氛围和热情好客的隆重场面，旅游接待小组探索出了一套全民有效参与和利益分配机制———工分制，内容规定如下：

（1）以工分制计酬，按劳分配。每场旅游接待以家庭为单位，按家庭实际出工人数，记工分一次，多来多得，少来少得，不来不得，每月或每季度结账一次。

（2）工分牌分阶段发放制度。为保证群众能按时和自始至终参与旅游

接待,旅游接待小组以是否按时到岗来分三阶段发放工分牌。

(3) 参与人员按参加内容、角色及着装要求记不同的工分。经村民代表大会讨论决定,郎德上寨村民按参与旅游接待的内容、角色以及着装记不同的工分。由于工分值计算量较大,负责记录的会计除享受接待办成员的工分值外,计算每本账有3元的额外报酬。

(4) 工分统计与月底分红。表演结束后,旅游接待小组计分员负责收缴登记村民上交的纸质工分牌,再到会计处汇总,然后以当月总收入确定当月每个工分值多少钱,再算出每户村民应分得的金额。

(5) 集体接待表演的收入分配。由旅游接待小组提取25%作为村寨旅游基金,用于维修道路、铜鼓坪,购买芦笙以及其他多种与旅游有关的集体性支出。

(6) 旅游收入和分配情况定期公布,受村民监督。郎德上寨村民自组织管理能力还表现在他们处理旅游带来的村寨社区内部冲突问题上。在参与集体接待的同时,部分村民向游客兜售各种工艺品或出租苗族服装供游客照相,一度造成争夺客源的混乱局面。面对这种不和谐的状况,旅游接待小组及时召集村民大会,于2004年制定了《郎德上寨关于工艺品销售抽签的有关规定》,后经修改形成《郎德上寨旅游工艺品销售管理公约》。公约规定不准许拦路摆摊或围堵追踪游客强行售货,如造成游客跌倒或伤亡,肇事者承担一切后果。确定由旅游接待小组成员在铜鼓坪用油漆划定场地号码,即销售工艺品的摊位编码。每次接待团队前,由专人负责将号码放入号码箱,由要售卖工艺品的村民抽签,抽到的号码即该户村民在该次接待中售卖工艺品的摊位位置,任何人不准窜出原位到其他位置出售工艺品,最后的团结舞结束之前不准任何人向客人兜售工艺品。公约出台后,村民们因向游客兜售工艺品引发的市场混乱得到了一定程度的遏制。

除上述制度安排外,郎德上寨制定了与旅游开发相关的《郎德上寨游客须知》《郎德上寨旅游卫生管理公约》《郎德镇郎德上寨村规民约》等管理规定。上述制度对于约束村民与游客行为,将村民个人理性融于集体选择中发挥了重要作用,充分显示出村民较强的自组织能力。

有效控制村寨与化解外部干预也体现了郎德上寨的自组织能力。郎德上寨旅游起步时,大多接待地方政府安排的政务性客人。地方政府领导担心村民的歌舞表演不够专业,于是组织县文工团的专业舞蹈演员"混"入村民中参与表演,但村民集体表演的"包场费"照付给村民。村寨参与歌舞表演的村民感到外来专业演员的参与伤害了他们的自尊,于是通过旅游接待小组和村委会向地方政府相关部门表达其诉求,在村寨组织的积极努力下,地方政府负责旅游接待的部门不再组织专业演员参与到郎德上寨的集体歌舞表演中。郎德上寨景区化发展中,黔东南州、县旅游主管部门希望推动郎德引入外来资本或组建旅游公司,遭到村民反对,面对村民的一致诉求地方政府放弃了有关计划。2008年是郎德上寨旅游发展进程中的重要节点,在地方政府的努力争取下,由于村寨保存较好的自然生态环境与富集而独特的民族文化以及村民较强的集体行动能力,郎德上寨被遴选为北京奥运圣火传递站,其价值和意义不言而喻。然而,在火炬传递纪念碑位置的选择问题上,村民与当地政府出现意见分歧,地方政府最终采纳了村民的意见,对树碑位置进行了更改。

(三)政府有限介入

民族村寨景区化发展是一项系统工程,是按照市场需求,资源经过筛选、加工、再创造以及旅游要素逐步完善的过程。在此过程中,仅凭民族村寨社区很难实现民族文化资本化的有效转化,需要地方政府、村寨社区及外来资本合力完成。像郎德这样的西部少数民族贫困村寨,虽文化旅游资源富集,但地方财政收入极为有限,基础设施落后,招商引资难度较大。因此,通过旅游开发带领村民"脱贫致富"的重任自然落到各级政府以及文化主管部门的肩上。

郎德上寨旅游发展过程中,文化管理部门将自上而下的国家动员与自下而上的村民自治有机结合,使公共财政支持与民间集资、集劳的社区自我服务相互补充,将村寨公共服务供给建立在村民自治的基础上。这种组织结构将行政性引导与农民的主体地位很好地结合起来,通过行政力量提升农村自治能力而不是侵蚀农村社会,是一种典型的促能增效模式。作为贵州省第一批以少数民族村寨进行旅游扶贫试点的8个村寨之一,郎德上寨成功发育后相继得到旅游、城建、消防等各级部门陆续的资金支持和物质支援。在外来的支持和村民的积极响应下,郎德上寨文物收集、整理工作稳步推进,寨中道路、饮用水、消防设施等公共服务设施不断完善,重要景点添设了旅游标牌并附详细说明。基础设施的有效供给和完善为郎德上寨旅游开发提供了重要支撑,增强了村寨的向心力和凝聚力。

2000年以来,雷山县政府连续举办每年一度的"苗年节"等大型节庆活动;先后到北京、上海、广州、重庆、贵阳等地召开新闻发布会,发放雷山旅游宣传资料；多次参与省州组织的珠江三角洲旅游促销活动。通过上述活动，雷山旅游知名度和美誉度不断提升，雷山作为中国苗族文化中心的地位逐步建立，对郎德上寨旅游发展起了重要的推动作用。尤其是2008年奥运圣火传递凯里站在郎德举行火炬传递起跑仪式，更是让郎德上寨知名度大增，国内外游客慕名而来，当年游客数量为郎德上寨历年之最。为提高村民接待能力，雷山县旅游局、文物局等部门多次采取"请进来、走出去"的方式，组织相关领域专家进驻郎德上寨为村民提供歌舞展演、烹饪技能、服务礼仪、法律法规等内容的免费培训；组织村干部及部分村民代表到广西桂林、四川成都、贵州天龙屯堡等乡村旅游地考察、学习。在旅游市场秩序规范方面，各级政府管理部门先后出台了《贵州省乡村旅舍质量等级评定管理办法》《贵州省乡村旅游区质量等级划分与评定标准》《雷山县乡村旅舍接待标准》《雷山县星级接待户评定标准》等。旅游市场制度的相继出台，为规范郎德上寨乡村旅游市场秩序、提高旅游服务质量、让游客获得满意体验提供了保障。为维护旅游工艺品销售市场秩序，当地旅游部门在村寨醒目位置公布了投诉电话，以保护游客的合法权益。文化保护与传承方面，郎德上寨保存完好的古建筑风貌和浓郁的民族风情先后获得民族村寨重点保护对象、民族村寨博物馆、全国百座特色博物馆、全国重点文物保护单位等荣誉。上述荣誉在提升村寨知名度和美誉度的同时，意味着村民在旅游开发中破坏村寨景观的行为要受到强制性约束，一定程度上确保了村寨风貌的原真性和完整性。为使郎德上寨乡村旅游开发有序进行，雷山县政府先后编制完成了《雷山县旅游发展总体规划》《郎德上寨综合性修建性详细规划》等规划。贵州省旅游主管部门组织编制的《贵州省旅游业发展总体规划》《2006—2020贵州乡村旅游规划》中，以郎德上寨为代表的巴拉河流域的7个苗族村寨均被纳入其中。上述规划的完成与实施为郎德上寨旅游业的可持续发展提供了科学指导依据。

三、工分制模式的优势

（一）有利于激活公共物质资源价值，增强旅游吸引力，提升村寨自我发展能力

公共资源是指以实物形式或非实物形式存在的，不能在消费群体之间

进行分割的，由群体共享的那部分资源。具体到民族村寨，它包括三种类型：第一类是公共自然资源，包括土地、山脉、河流、稻田等；第二类是可以直接投入和计算的"公共经济资源"，包括财力、物力和劳力；第三类是基于个人组成的群体在进行集体行动时互动的"公共社会资源"，包括道德、伦理、信任、互助、合作、理解等规范型资源，也包括规范、规则、组织等制度型资源。公共自然资源、公共经济资源可为村寨发展提供物质基础，但如果缺少公共社会资源约束，前二者将面临"公地悲剧"。因此，公共社会资源为公共物质资源建设提供制度保障。

郎德上寨旅游发展实践表明，建立在互助、信任、合作基础上的集体行动有助于激活和提升物质资源价值，使物质资源价值升值。全体村民参与的集体接待行动与工分制的分配制度，所体现出的较原始的合作劳动方式，从制度层面也正好反映出郎德上寨的原始和淳朴，构成郎德的重要吸引要素。与良好的自然生态环境和古朴、独特的村寨建筑群落综合集成，营造出热情好客、隆重轻松的村寨接待场面，与城市社区陌生、冷淡的非熟人社会关系以及嘈杂、紧张的城市生存空间形成强烈反差，强有力地吸引着国内外游客到此旅游。尤其是进寨的12道拦路敬酒仪式和铜鼓坪的集体歌舞表演，这两项核心产品参与性、体验性极强，几乎需要全村人的共同参与才能实现有效供给，工分制规定只要参与就有报酬以及分阶段发放工分牌的分配特点，不仅激发了村民的参与热情，也保证了村民参与的稳定性和旅游产品本身的特色和价值。对于郎德这样的少数民族贫困村寨，资本积累不足，资源转化为产品的能力极为有限，通过有组织的集体接待行动，有助于增加旅游产品丰度，延长游客停留时间，提高旅游生产力，弥补村寨自我发展能力有限所带来的资源开发深度不足、产品单一等问题。这种整体上的利益获取与资源优势，绝非单个家庭所能完成，是当地村民理性选择的结果，是村寨自我发展能力有限条件下的优先选择。

（二）传统文化保护与传承有了公共空间平台

郎德上寨全体村民参与的表演程序和内容随着旅游业的兴起逐渐成为村民日常生活的重要组成部分和相互交往的公共空间，这既为村寨传统文化的保护与传承提供了生活实践基础，也为在此公共空间中参与的村民提供了相互交流与沟通的平台。歌舞展演中，穿戴精美盛装并擅长各类歌舞表演的女性，获得的工分值明显高于着长衣、便衣的女性。在这样的组织

第四章 第一段发展历程——工分制模式

形式与竞争环境中成长的孩子们不仅在唱歌跳舞方面从小耳濡目染,相互模仿与攀比,工分制的激励效应也会对他们产生诱导作用。老支书陈正涛

芦笙舞技表演(雷山县委宣传部供稿)

的孙女就是在这样的环境下长大的,她从在表演场边跟随大人学跳集体舞的小女孩逐渐成长为郎德上寨歌舞表演的主角。歌舞表演结束后,向游客出租、出售服饰的女性发现,服饰蕴含的手工技艺越高,获利越多。因此,提高编织、刺绣等技艺成为她们争相努力的方向。与附近那些不搞旅游开发的苗寨相比,郎德上寨妇女们的手工技艺水平略高一筹,即使外寨嫁到郎德上寨的媳妇们,也会在这样的生存语境与公共空间中迅速提高其手艺。作为一个古老民族,苗族曾因战乱被迫长时期、大幅度、远距离迁徙。迁徙中既要面对异族的侵扰,同时要与恶劣的自然环境相抗衡。自然与社会生存的双重压力迫使苗族人民只有依靠族群内部的团结与合作,才能生存与延续。于是,"团结"与"集体行动"便潜移默化地内化为苗族村寨社会制度与文化价值的一部分。村民互助合作的历史文化传统与人民公社时期的集体运作逻辑具有某种程度的契合度,在当地农民组织起来的现实需求下,通过每一次的旅游集体接待而重复演绎着,深刻的社区记忆及传统文化中孕育的自组织机制在旅游发展中被不断激活,实现了制度文

化的延续和传承。

（三）实现了政府与社区的良性互动，迈向能动型社会

对郎德上寨而言，20世纪80年代中期获得的村寨博物馆建设项目，不仅使村寨发展与文化保护获得了物质帮助和支持，也为村寨集体行动的生成提供了公共资源基础；村寨博物馆及之后获得的各类荣誉凸显了村寨文化资本价值，增强了村民的文化自信与社区认同，促进了村寨主体性成长。

郎德上寨被遴选为民族村寨博物馆后，贵州省文化厅通过雷山县财政局向村里划拨了2万元人民币。村委会将接到的资助与村寨治理有机结合，对村子里的道路、鼓场和寨门进行了维修。在这样的公共活动中，村寨凝聚力和村民的主人翁意识得到增强。对当地村民而言，政府牵头组织并包装提升的仪式活动意味着本民族的乡土性传统受到官方的关注，获得了国家、政府某种程度的认可和肯定，本群体的民族身份和社会地位也可由此得到某种意义上的确证与提升。旅游兴起后，当地政府通过教育、培训提升村民的接待能力。旅游业的蓬勃发展有效提高了整个村寨的精气神，针对个别村民的个人行为与集体利益冲突，为了防止矛盾升级，当地政府与村委会迅速制定了约束性的制度，对村民的行为进行及时干预，使村民的个体行为及时回归集体利益，减少了村民间的矛盾，确保了村寨旅游业的健康发展。2008年奥运圣火在村寨传递，一方面说明村寨的集体行动能力得到各级政府的高度认可，反过来进一步增强了当地村民的文化自信和社区认同感。

郎德上寨旅游发展进程中，村寨和各级政府的良性互动产生了政府和社会互强的效果，即同时强化了村民的民主治理能力和政府在农村地区贯彻其政策的能力。因此，对于新的社会力量的授权并不必然削弱政府管理社会的能力，政府与社会并不总是处于零和博弈的竞争关系中，二者在积极的互动过程中迈向"能动型"社会。

（四）构筑起乡村旅游发展坚实的社会基础

改革开放后，西部少数民族贫困村寨因家庭联产承包责任制的实施和市场化、城镇化的冲击逐步显现出松解迹象。农业税取消后，各地农民负担减轻的同时，村寨公共品服务供给由于集体经济瓦解、公共资源匮乏和

大量不可遏制的"搭便车"行为而变得严重不足。一些文化资源富集的民族村寨旅游开发中由于权力结构失衡、利益分配不均，村寨社会关系危机四伏。同属雷山县境内距离郎德上寨不远的西江千户苗寨，2008年在地方政府主导下创造了民族村寨旅游开发的"西江神话"，旅游人次不断飙升，成倍增长，2015年游客人次已跃居贵州省第二位，仅次于贵州省著名旅游景点黄果树瀑布，超越了贵州省4个世界自然与文化遗产地。然而在西江苗寨景区化发展中，不断获益的村民其权利意识与产权诉求不断增强，与地方政府的诉求与目标差异太大，仅2010年至2014年，村寨就爆发3次规模较大的群体性事件，危及旅游业的可持续发展。

郎德上寨旅游的兴起和发展为阻止社区文化断裂、实现社区自我整合提供了契机和载体。在旅游接待小组的有效组织下实现了全体村民的共同参与，保证了社区参与的公平性，同时使社区居民普遍感受到旅游发展与自身利益休戚相关，通过履行自身义务进而获得分享权利的机会并进一步培育起村寨公共精神，以此为契机可以有效培育、推动和完善以村寨为基础的民主决策、民主管理和民主监督的公共领域。即公共领域的建立和村民的有效参与，让村民进一步认识到个人与村寨公共利益整合点，感受到履行义务和享受权利的双重性。这种基于社区公共利益的公共精神成为村寨集体行动的基础，为村寨旅游业的持续发展提供内生动力和持续保障。尤为关键的是，"工分制"的分配制度体现出的公平（人人参与）、公正（向弱者倾斜）、公开（定期公布集体收支情况）的民主管理特征，为村民自治提供合法性基础，这是村寨旅游组织得到村民支持与认同的深层逻辑。旅游业兴起后，收入逐渐提高的部分村民相继修建新房，但整个村寨至今没有一栋砖房或洋楼，全为木结构吊脚楼。这除了郎德上寨作为全国重点文物保护单位而受到文物法的强制性制度约束外，村民对村寨的集体认同作用也功不可没。

如果说传统社会时期郎德上寨村民之间的互助与合作是出于质朴的乡土人情和血缘、亲缘、地缘关系，那么旅游发展语境下村民间的合作更多是基于社会功能的分化与互补、权益交换的契约和异质性所形成的组织形态和社会合作。在集体行动中，村民们意识到组织、分工、合作的重要价值，彼此之间的信任关系与社会关联得到了强化，构筑起乡村旅游发展坚实的社会基础。

四、工分制模式的困惑与矛盾

改革开放以来，郎德上寨社区居民在各级政府的积极支持与引导下，通过发展旅游实现了村寨组织再造，村寨经济结构演化为由家庭承包农业和以集体经营旅游业为主的"统分结合"的双层经营体制，当地村民部分实现了非农化和再集体化。借助于村寨集体行动和各级政府的有效介入，郎德上寨接待过众多国家领导人，并一度成为黔东南州及贵州省接待外来游客的重要基地；吸引了国内外众多学者的深度关注，一些高等院校和科研机构的研究人员以郎德的苗文化及"郎德模式"为研究对象，在实地考察中撰写学术著作；"郎德模式"一度成为贵州乃至全国"民俗文化旅游"效仿的对象。然而，市场竞争环境演化、地方政府政策调整以及村寨内部社会结构和文化记忆等方面的变化，迫切要求村寨旅游开发与治理模式突破和优化，以适应变化的村寨内外部环境。

（一）困惑："内源性"发展能力不足

旅游开发环境下郎德上寨社区组织再造使村寨建设具有极其重要的社会经济价值。然而，2008年以来，雷山县政府将投入重点转向西江苗寨，郎德上寨与西江苗寨两地文化起源相同，产品差异化不明显；朗利公路的修通后，团队游客不经过郎德便可直接自三棵树镇进入西江，导致郎德上寨游客人次锐减。游客人次下滑带来的低参与频率使村民面临较高的机会成本，理性的农户将生产和生活面向家庭而不是集体，家庭的独立功能增强。部分年轻力壮的村民选择外出谋求生计，与村寨集体关系日渐疏远。尤其是有知识和能力的村民外出，导致村寨缺少能人示范和凝聚作用。以老支书为代表的村寨精英逐渐退出后，新的村寨精英暂时未获得村民的认可，且新老精英在旅游开发主体选择问题上存有分歧，难于达成共识。2006年农业税取消后，村寨缺少公共服务供给的物质支撑，加之2008年以后集体旅游收入的减少使得村寨组织的动员能力不断减弱。村中部分步道年久失修，低洼不平，一直得不到修复。村寨旅游收入减少后，村委会日常工作由过去组织村民搞旅游接待转化为落实地方政府下达的各项目标任务，难于兼顾村寨公共事务，导致村民对村委会工作绩效不满意，进一步弱化了村组织的号召和动员能力。访谈中一个村干部说："老百姓不理解我们，说我们不帮村民办事，不带领村民好好搞旅游，但村委会没钱投入啊!"郎德上寨旅游发展受人员流动、村民生计方式多样化、村寨组织行政化、代际精英观念分化等因素影响,村寨集体行动能力不断减弱,村寨公共服务与旅游业发展面临危机。如村寨重要的公共事务——"消防",设施的定期维修仅仅依靠年轻人和村干部的人脉关系,无持久性和稳定性。因年轻人无法长期以寨为家,需要外出寻求生计,人员的流动将导致村寨消防问题无人料理。一旦村寨起火,拥挤的聚落结构将会使村寨面临灭顶之灾,旅游业的可持续发展将无从谈起。面对区域市场冲击和地方政府旅游开发战略的调整,村寨居民频繁流动、生计方式多元与分化,如何整合村寨资源,实现组织再造,重建村寨旅游发展的治理体系,无疑成为郎德上寨一个亟待解决的重大问题。

(二)矛盾:村寨与地方政府之间的博弈以及村寨内部的利益失衡

郎德上寨旅游发展进程中,地方政府有限介入与村寨的主体性成长良性互动,政府与社区关系总体协调,但在旅游资源开发主体选择、项目资金使用与分配等问题上存有分歧。

郎德上寨是贵州省较早开展乡村旅游的村寨之一,但却在市场规模和旅游收入方面未能一路领跑,一度被同处于巴拉河畔相距不远的南花苗寨甩在身后。因资金和能力限制,村寨旅游收入的25%仅够维持旅游接待小组办公室正常运转,无法对营销进行投入,当地从未真正有过市场营销。

若集体收入投向市场没有收益,村寨旅游接待组织无法向村民交代,在"熟人社会"的行动逻辑中,旅游接待小组负责人不愿冒这个风险。因此,村寨客源主要靠旅行社相互介绍,旅游接待小组很少主动与旅行社联系。目前,在我国点线式旅游的产业实践逻辑下,和旅行社与导游合作有利于拓展旅游市场,而郎德上寨这样的市场营销方式难于拓展市场规模。对此,"郎德模式"曾遭到批评,原因是观念陈旧、故步自封,不肯尝试更有效率的现代管理经营模式,反而固执地采用运行了20多年的工分制,效率便不可避免地受到限制。黔东南州、雷山县旅游主管部门多次与村寨协商,希望引入市场机制,组建旅游公司参与郎德上寨旅游开发,一直遭到村寨反对。为让郎德上寨的村干部们解放思想,黔东南州旅游局曾组织郎德的村干部到贵州西线的天龙屯堡参观公司主导型的乡村旅游开发模式。天龙屯堡乡村旅游市场快速增长的成效让郎德的干部们称羡不已，但干部们表示：

"现代旅游需要一笔钱来投入，我们除了文物，什么都没有；而天龙靠近交通主干道，在外打工人员多，积累较厚，搞公司制有条件。"

"郎德旅游靠的是全村老少团结参与形成的节日气氛，如果引入公司制，部分村民成了雇员，表演完全成为挣钱的工具，没有技能的人将会被排除在表演之外，那种热烈的和谐气氛也会消失。强调效率的公司制势必鼓励收入差距以调动积极性，但这样会造成村民关系紧张，影响团结。"

"郎德发展旅游，目的是保护好文物，没有一定的收益，人民群众不会主动自觉地保护。但如果引入旅游公司会导致过度商业化商品化，规模太大就会伤害文物保护。"

"我们要改革，但要结合自身的实际找准路子；我们希望富，但要慢慢地富，大家一起富；我们不要暴发，要的是细水长流。"

在郎德上寨旅游开发经营主体选择问题上，村寨与当地政府部门之间一直存有分歧。直到2008年西江苗寨旅游崛起后，郎德上寨旅游客源受到强烈冲击，村民们才逐渐接受地方政府相关部门意见，愿意接纳外来旅游公司参与村寨旅游开发，但持谨慎态度。

获得村寨博物馆荣誉之前，郎德上寨不论在其所属的雷山县域范围内还是在郎德周边区域，都不是地标性或高知名度的苗族村寨。村寨博物馆的建立从某种程度上颠覆了村寨原有知名度，让郎德上寨一跃成为周边村寨最受瞩目、最具知名度的村寨。这些名号与知名度，成为郎德上寨新的"文化资本"，使它获得了临近其他苗寨村寨难以获得的资源。与之相比，位于交通主干道边的郎德下寨，区位优势明显，是进入郎德上寨的必经之地，因未能进入村寨博物馆建设名单而失去发展机会。发展差距的逐渐显现让郎德下寨的村民产生心理上的失衡。郎德上寨刚开始搞旅游接待时，因为接待游客要吹芦笙，根据苗族习俗，吃新节未到吹芦笙会影响庄稼收成，郎德下寨以此为借口曾与郎德上寨发生矛盾纠纷。另外，同属郎德上寨行政村的包寨，既没有被纳入博物馆建设范围，也没有参与到旅游接待中来，旅游收入仅在郎德上寨村民内部分配，包寨对郎德上寨利用行政村名义向各级政府申请并获得资源的做法颇为不满。

五、发展中自组织模式亟待优化

（一）资源开发结构单一，带动能力极为有限

郎德上寨是我国少数民族村寨典型代表，根土记忆与祖神崇拜孕育了丰富的物质文化与非物质文化体系。然而，郎德上寨丰富的文化内涵却因为资本的缺失和地方政府公共服务供给不足等原因，在30多年的开发时间里，文化资源优势未能有效转化为内涵丰富、体验价值高的旅游产品，几乎仅依靠原生的文化资源吸引游客。文化资源的开发主要集中于浅层次的物质层面，组织、制度文化难于通过产品显现，精神文化的深层内涵未能通过诠释性解说增加吸引力。总体而言，郎德上寨由于受资本缺失，未能建设成为产业要素齐全、功能完善的旅游目的地，对区域经济和地方政府财政的贡献率十分有限，富集的旅游资源并没有给这个国家级贫困县带来相对应的经济收益，旅游业的发展只是造福了郎德上寨的村民，对于同属上郎德村的包寨以及与郎德上寨临近的郎德下寨未能有效带动。对包寨和郎德下寨而言，是有失公允的，毕竟在郎德上寨旅游开发进程中，包寨在资源保护、郎德下寨在旅游综合服务功能等方面是作出过一定贡献的。

（二）产品体系与市场需求错位

郎德上寨当时的旅游产品主要集中于参观寨容寨貌、杨大六故居以及村内刺绣坊，体验12道拦路敬酒仪式，观看集体歌舞表演，吃住农家乐，到村前的望丰河戏水、游泳或烧烤。然而，区域旅游竞争的加剧以及旅游消费者日趋成熟使得郎德上寨现有旅游产品难于满足市场需求。

首先，由于自然地理环境相似，文化起源相同，郎德上寨与周边村寨苗族文化同质性极强，若缺乏深度开发，将面临同质化竞争。尤其与同属雷山县的西江苗寨相比，郎德上寨的旅游体量和产品内容与丰度在吸引观光游客方面缺乏比较优势。因此，西江苗寨崛起后，团队观光客人大多流向西江苗寨。

其次，郎德上寨旅游产品文化内涵极其丰富。以郎德上寨12道拦路敬酒为例，在苗族人的价值观念中，12反映的是人与自然、人与人和谐共处的价值观念和交往逻辑。如红白喜事送礼时，常常与12的倍数有关。在村中若有人犯忌，要准备120斤肉、120斤酒、120斤米招待全村居民，

以示惩罚。芦笙场中用鹅卵石铺就的图案及用于挂铜鼓的树或铁杆均有着丰富的文化内涵。但当地人的文化水平有限，加之缺少有深度的、针对性的文化教育培训，郎德上寨文化结构内涵由于缺少合理诠释并未在旅游产品与体验活动中得以充分表达，无法吸引深度体验的游客。

最后，由于资本的缺失和有限的自我发展能力，郎德上寨现有的交通、娱乐、住宿、餐饮设施无法满足休闲度假游客的需求。村寨至今未有一块标准停车场，黄金周期间外来车辆只能停放路边；娱乐活动主要以观看集体表演、河边戏水为主，没有专门供游客休闲的水上娱乐设施；住宿房间采用木板修建隔音效果较差，且卫生间大多位于房间以外，给游客带来诸多不便；餐饮的原材料部分由村民提供，虽绿色、新鲜，但加工粗糙，很难赢得游客青睐。

综上，由于自我发展能力有限，郎德上寨丰富的文化内涵和优美的自然生态环境未能有效转化为产品竞争优势，既无法与西江苗寨竞争团队观光游客，也难于吸引对文化有深度体验需求的游客以及休闲、度假的客人。换言之，郎德上寨当时的旅游产品由于开发深度有限和激烈的区域竞争，产品体系与市场需求错位，无法满足不同类型游客需求，旅游业逐渐走向衰落也就在所难免。

（三）集体行动的困境侵蚀村寨特色

郎德上寨建立在互助、信任、合作、认同基础上的集体行动有助于激活和提升物质资源价值，弥补社区资金不足引发的资源开发深度不足、产品单一等问题。然而，西江苗寨旅游业崛起的冲击和政府开发战略的转向导致村寨旅游业走下坡路，接待频率降低，参与机会的减少使村民专门等待迎接某一个团队面临较高的机会成本。村集体收入的减少使得集体组织动员能力被削弱。在郎德上寨旅游开发红火时期，村民争先恐后登台表演；但随着时间的推移，由于村民外出务工增加导致表演队伍和村民数量明显减少，上台表演时相互推诿，12道拦路敬酒仪式及团结舞的氛围不再如从前热闹。村民参与热情和村寨组织能力的减弱导致游客体验质量下跌，完成地方政府安排的各项接待也显得力不从心。如此下去，集体行动的困境不仅侵蚀村寨特色，村寨长期以来形成的内生秩序、村寨信任与社区认同等社会资本价值也将不断贬值。

六、"企业再造村寨"的提出

（一）"企业再造村寨"与村寨的回应

2015年，同属雷山县的西江旅游公司欲进入郎德上寨进行旅游开发。郎德上寨作为雷山县最早实施旅游开发的村寨，景区化进程中集体行动实践多年的村民，主体意识、权利意识较强。另外，郎德上寨作为全国重点文物保护单位，旅游开发将受到相关要求的约束。因此，地方政府与公司对郎德上寨旅游开发较为谨慎。为稳妥起见，地方政府先后邀约国内6家有旅游规划资质的单位到郎德上寨实地考察后，由各规划单位分别提出规划方案后进行优选。曾有一所高校作为受邀约的单位之一，受邀后组织十余名教师、学生进驻郎德展开为期7天的前期调研，内容涉及郎德上、下寨和包寨村民对旅游公司介入的态度、介入后门票与利润分成、各村在旅游开发中的角色与分工等。

调查数据显示，郎德上、下寨和包寨村民对西江旅游公司进行整体旅游开发的态度并不完全一致。

首先是对利益分割与分配不均的担忧。其次是担心郎德上、下寨原有的矛盾以及村寨文化、社会结构的差异将影响整体开发的实现程度。因此，郎德苗寨旅游开发的决策与规划需要关联村寨的积极参与，在参与中确定各村寨功能与角色，尽可能避免同质化竞争，达到相互支撑、优势互补，充分发挥旅游业的带动效应，生成旅游产业集群。

（二）企业嵌入与郎德苗寨旅游开发治理模式优化的实现路径

民族村寨景区化进程中，旅游业可持续发展是治理的重要目标。各利益主体在制度的激励与约束下，积极参与是确保目标实现的重要保障。西江旅游公司介入将打破郎德上寨现有的治理格局，景区化功能的逐步完善伴随利益分割增加了治理的难度，如何在村寨景区化进程中明晰各行动主体角色与权力边界，通过制度安排使个体理性与集体目标趋同，成为旅游公司介入后亟待解决的问题。

1. 旅游公司介入与村寨组织再造

郎德上寨以村寨聚落为空间，以旅游接待小组为组织依托的内源性旅游开发模式具有强烈的封闭性、排他性的组织运行特征。村寨的产权边界是村民、村寨及村组织的边界，同时也是村民治理的权力边界。然而，西江旅游公司的介入，旅游开发空间的扩展与延伸将打破村寨原有的集体产权边界和组织边界，如何根据旅游业发展和治理的需要，积极探索整合旅游公司、跨村域组织体系，构建多元化的管理体制成为旅游公司介入后急需解决的首要问题。空间范围的扩展、利益主体的增多以及旅游业的综合性特征相互叠加，使任何单一的参与主体无法应对未来与旅游开发相关的公共事务。为有效应对未来旅游开发中的基础设施建设、线路设计、产品布局、原材料供应、市场秩序维护等公共性问题，需要组建由当地政府及其代表、旅游公司、郎德上下寨村委会、包寨村级组织以及跨村寨组织等构成的多元治理中心。

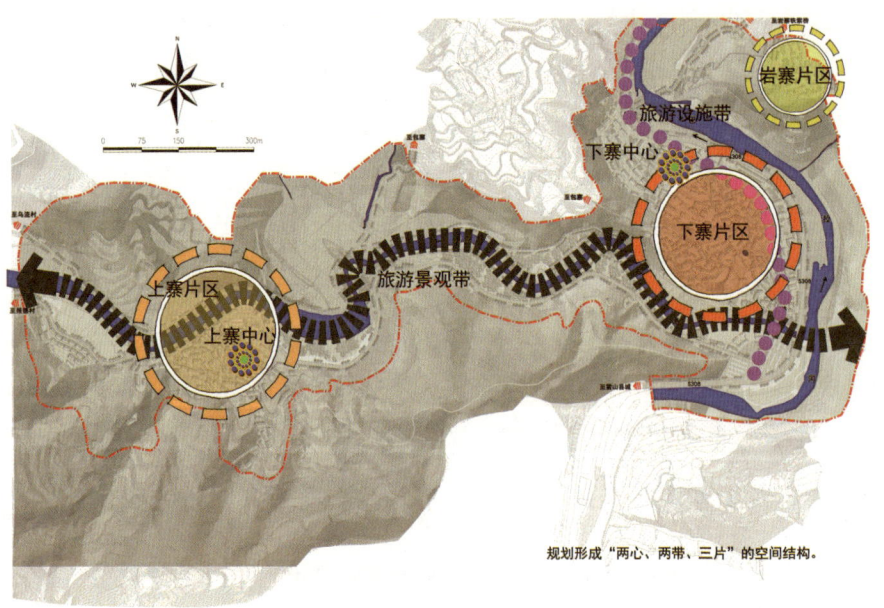

规划形成"两心、两带、三片"的空间结构。

郎德上寨、下寨保护与发展规划功能结构分析图（雷山县委宣传部供稿）

　　多中心治理结构中，参与主体需明确权力边界与行动范围。政府以管理、保障和协调为主要职能，包括公共基础设施供给、对外营销、制度安排、规范并协调公司与村民利益等。旅游公司为经营主体，主要负责对当地旅游资源在规划与文物保护法制度框架下进行开发经营、实施旅游项目建设。社区组织是旅游公司与社区居民、地方政府发生关联的组织依托，是信息传递的中介,如果缺少社区组织的有效沟通和有效协调,地方政府和旅游公司直接面对农户,因信息不对称和有限理性,将使他们与村民之间发生较高的交易成本。社区组织不仅包含村寨层面的村委会,还应包括超村寨内民间组织和村寨内组织。

  村委会作为村寨法定组织,承担着村寨自我管理、自我教育、自我服务的重要职责,是村寨利益的代表。村委会在代表村民行使公共事务管理权的同时,需要协助地方政府完成各类项目,落实国家各项政策。对于旅游公司与农户之间的矛盾,村委会发挥着重要的协调作用。郎德上寨旅游接待小组是村寨旅游事务的自治主体。旅游公司介入后,村内与旅游相关的事务通过与村委会商议,可由旅游接待小组直接与公司衔接。村寨内的其他组织,如老年协会、旅游兴起后的农家乐协会、斗牛协会、青年志愿者等,在村寨祭祀、消防、娱乐以及旅游等领域发挥着难以替代的独特作用,是村寨法定组织的重要补充,对村寨法定组织和旅游组织起到很好的监督作用。他们虽未被政府纳入农村基层组织体系,游离于乡村治理的正式制度之外,但事实存在于村寨社会,构成村寨治理实践中的重要力量。地方政府和旅游公司应当正视这一客观事实,给予积极的引导和扶持,通过各类项目的实施或以村寨公共性事件、重大事件为平台和抓手,逐步修复和拓展其社会功能,更好地提高农民生活质量和非货币收入、改善邻里互助关系、完善社区公共设施,真正成为村寨社区的支柱和灵魂。

  旅游公司介入后,郎德苗寨旅游开发将超越郎德上寨原有的空间范围,延伸至包寨、郎德下寨,未来可能扩展至报德等周边村寨。根据旅游开发的需要,需建立村际协调委员会,处理村寨与村寨之间的公共事务。旅游发展起来后,不同村寨从事某一相同行业或有共同兴趣爱好的村民将会组建跨村合作组织,如专业养殖协会、斗牛协会等,作为村际协调委员会的补充。这样的治理结构呈现出多元化、层次性的特征,各主体通过参与、谈判、协调、合作等方式来处理公共事务。当然,多中心的治理结构若要在实践中真正有效和持续发挥作用,必须通过建立制度体系予以保障。

2. 旅游公司介入后资产专用性投资与利益重构

  国内民族村寨景区化发展的实践证明,仅仅依靠从门票收入中剥离出部分收益作为民族文化奖励基金赠予农户,或招收部分村民到公司就业,无法解决旅游公司与农户的关联机制问题。既不利于多数农户增收,也无法对村民违规建房、带领游客逃票、违规占道经营等行为产生内在约束。稳定旅游公司与农户交易、降低双方合作风险的途径是双方同时进行一定的专用性投资，如郎德下寨可选择以集体土地入股，建设旅游购物商场、修建休闲度假宾馆，使之成为郎德上寨的门户和服务功能区。郎德上寨作为全国重点文物保护单位，按照核心区、缓冲区、开放区的模式进行规划开发。核心区，按照景村同构的原则，以村寨整体景观入股，将旅游公司与村民的松散关系变为以资产为纽带的利益共同体，实现利益共享，风险共担，防止村民增收致富后随意乱搭乱建，影响村寨整体景观。缓冲区的包寨，山上由公司投资种植杨梅、葡萄、蔬菜等，使景区逐步具备生态农业观光、果园采摘的延伸功能。开发区，由村民与旅游公司共同完成河道整治，共同开发休闲、戏水产品，延长游客逗留时间。这样的资产专用性投资，既可以丰富旅游产品内容，也可作为企业入村履行社会责任的实践承诺。

待时机成熟，由企业发起与农户共建股份合作制企业不失为一种有益的探索。村民可选择村寨整体景观或私人资本入股，通过组建股份合作企业按公司治理结构引入农户代表进入董事会和监事会，参与旅游公司的经营决策和实施监督管理职责，使农户与企业真正以资产为纽带成为利益共同体，使旅游公司与分散农户的交易成本内部化。从维护社区利益、促进社区有效参与和旅游业持续发展的目标出发，股份合作制治理模式的主要意义有：①在参与机会上，它涵盖了资金联合和劳动联合，资金和劳动都处于平等地位，这确保了村民不会因资金不足而失去参与旅游发展的机会，消除村民对旅游公司介入后引发的受益不均的担忧。②在决策与管理上，实行一股一票加一人一票制，既体现了合作制的民主管理特色又体现了股份制资本的重要性。③在分配上，实行按劳分配和按股分配相结合的原则。

这种主体身份的双重性特征，有利于维护村寨利益，保证社区居民的主人翁地位。在股份合作制治理模式下，郎德上寨社区主导旅游发展的内容和形式都将发生变化。

在股份制模式中，社区居民拥有的双重身份有利于较好地引导受益的村民实现外部性较大的内在化激励，从而达到优化资源配置，增强村民文化自信、自强和文化、环境保护的自觉意识，将传承文化与保护环境真正当成自觉行为，把最具区域特色的苗族文化产品和区域环境推介给市场，这就创造出文化传承、环境保护和旅游发展双向互动、良性循环的机制。

股份制模式下，郎德上、下寨和包寨过去由于可发展利用的旅游资源分布不均，地理位置差异而形成的参与机会不均衡，也可通过土地、山林面积比例分配股份额来均衡，走出一条共同富裕的道路。

3. 旅游公司介入后的制度安排与建设

旅游公司介入后，因产权关系复杂化、利益主体增多及目标多样化增加了决策与管理的难度，不同利益主体理性的张扬可能引发整体的不理性，产生"公地悲剧"。因此，要从个体理性走向集体理性，应是一个激励和强迫的过程，是一个制度化的过程，需要通过制度建设来弥补个人理性与集体理性的裂痕。

制度包含正式制度与非正式制度。正式制度是指人们有意识地制定并由相应机构负责强制执行，如国家的文物保护法、具有法律效力的旅游规划、村民与旅游公司签订的租赁合同等。正式制度建设中，应注重制度的完整性、灵活性、制度衔接和制度刚性。一个有效运作的制度往往是由一系列具有有机联系的制度体系所构成。因此，郎德上寨旅游开发的良性运行应内在地包含组织制度、管理制度、监督制度、补偿制度等。当然，地方政府应不断根据形势变化和旅游地出现的新情况、新问题，及时引导各利益主体对制度进行调整和创新，将新事物和新问题尽快纳入到制度体系中来，做到有制可依。建制过程中，要把国家文物保护法、旅游法，中央政策和地方性法规与村寨村规民约有效衔接，使制度嵌入在村寨内部获得生长点，避免制度不衔接引发村民与旅游公司根据各自利益的考量各行其"是"。最后，完善的制度安排应该是规范性制度安排和惩戒性制度安排的统一，明确好应该做什么、不应该做什么、必须做什么、不能做什么等方面的问题。如果制度本身刚性不足，即制度安排与制裁手段脱离，势必导致各利益主体的投机行为，使制度的执行力受到影响。

重视正式制度建设的同时，村寨特殊的环境决定了非正式制度建设的重要性。非正式制度是人们社会生活实践中无意识形成的人的自律行为的规范，如道德观念、风俗习惯、信用与声誉等。信息不对称，交易双方不了解，需要通过正式制度约束机会主义行为，以降低交易成本。旅游公司与村民之间、政府与村民之间如果完全依靠正式制度来约束双方行为，因为农户较为分散、信息不完全同样无法起到应有的约束作用。而社区组织与各农户之间不仅相互了解，而且存在着相互间的监督，道德、习俗等非正式制度依旧能够对分散农户的机会主义行为产生监督和约束。如村民与旅游公司签订合约后，单个农户的行为处于村寨成员的观察之下，若因为单个农户的机会主义行为损害村寨的整体利益，村民们会主动地对该农户的行为予以制止。当然，村民之间天然存在的亲缘、血缘和地缘关系较容易将村民有效组织起来，对地方政府和旅游公司的行为产生约束。郎德上寨这样的民族村寨，依然受到传统的影响，社会舆论对村民行为具有天然的约束功能，这为构建村寨舆论监督机制奠定了客观的社会基础，为非正式制度效应的有效发挥提供了空间。对此，首先应设法扩大村民的知情权，将损害村民和村庄利益的行为公之于众，使违规者暴露于村民的舆论监督下。在郎德这样的熟人社会中，舆论会使得投机者望而却步。另外，可通过村寨发展大事记等方式，将村寨发生的变化及违规者行为记录下来，由此形成长期舆论约束。

4. 旅游公司介入后信任与公共文化的培育

公司与村寨合作中，信任是促进合作的关键因素，是合作的基础和保证。在一个有高度信誉和易于合作的组织安排中，经济主体运作的成本较低，而且容易造就大的联合行动；反之，交易关系维系的链条会很脆弱，维持和运作成本会很高，合作和联合行动也难于做大。因此，公司与村寨通过长期合作建立起来的信任对双方而言是一份具有很高价值的资产。

建立信任是一个长期重复博弈的过程，不可能一蹴而就。公司进入的初始阶段，可考虑完善相应的信息显示机制，让当地农民对公司战略规划、经营目标、利润分成等问题充分了解，获得初步信任。景区化进程中，合作双方应注重公共空间的营造，汇聚与旅游业发展相关的公共议题，让村民表达诉求，对重大决策进行集体协商，形成共识，降低决策的执行成本。当然，外来公司与村寨没有血缘、亲缘关系，是一个"外来者"，村民猜忌、不信任在所难免。对此，旅游公司应考虑选择村寨服务为切入点构建"新熟人社区"，如积极参与村寨的传统文化活动，对扫寨、斗牛、鼓藏节等当地村民喜好的节庆活动，给予物质上的帮助和支持，在集体行动中逐渐培育出具有法律和契约精神的"新熟人社区"，构筑互信、互惠和守望相助的社区公共文化。针对村寨中的弱势群体老人，企业应积极践行社会责任，除了给予老人物质上的帮助和支持外，尽可能创造让老人们施展自身所长和参与公共活动的机会和平台，通过部分地履行家庭赡养功能改善与村民关系，增强凝聚力。通过与村寨长时间、经常性的互动最终孕育出稳定的社会关联、社区情感和社区公共文化。

5. 旅游公司介入后，地方政府的互补性制度安排

旅游公司介入郎德上寨参与旅游开发，预示着郎德上寨现有的组织结构需要调整。因旅游开发需要生成的"公司制＋工分制"乡村旅游开发组织模式存在着组织和履约方面的制度缺陷，需要地方政府来弥补。公司介入后，产品的转型升级不仅仅包括接待条件和设施设备的转型升级，也包括产品文化内涵的深度挖掘，将现有的旅游产品展示变为对产品背后文化内涵的诠释，这样才能增强旅游吸引力，延长游客停留时间，增加回头客。村民现有的能力与素质显然无法适应转型升级的要求，需要地方政府发挥协调和引导功能，加强对村民解说能力、接待能力的培训，适应发展需要。

旅游开发过程中，地方政府作为监督者、裁判者，不仅要重视制度建设，更要强调依法治旅理念和工作，把法治精神落实到治理实践中。一方面要强化公司领导、村委会领导、基层政府的法治意识，让他们真正懂得依法治旅的意义，自觉接受法律和制度的刚性约束。另一方面，要加强对村民的法制宣传和教育，提高村民的法治意识，规范村民的行为，让村民学会使用法律和制度的武器保护自身利益，约束管理者和旅游公司的违约行为。地方政府在履行上述职能时，需要转变身份，从直接的利益相关者转变为间接利益相关者，在公司和社区之间扮演协调者和监督者的角色，真正成为旅游公司与村寨关系协调的核心力量和关键节点。针对旅游公司和村寨诉求，地方政府应积极搭建参与平台，寻求双方趋同的价值取向，寻求解决冲突的机制，消除旅游发展中的障碍。

附录：郎德上寨迎客服装穿着要求制度

为了搞好迎客工分发放，提高接待服务质量、服装整洁质量，经接待组研究决定，对迎客服装穿着作如下要求：

1. 接待组工作人员：穿黑家布便衣、布鞋，包头巾，总工分19分，少布鞋扣1分，少包头巾扣1分，少两样扣2分。

2. 长衣：穿黑家布长衣、布鞋，包头巾，总工分11分，少布鞋扣1分，少包头巾扣1分，少两样扣2分。

3. 绣花衣：穿黑长裙子、绣花衣、布鞋、绣花围腰巾，空头，但要梳

理好头发。总工分12分。年龄要求46~50岁，少布鞋扣1分，少绣花围腰巾扣1分，少两样扣2分。

4. 盛装：穿黑长裙子、盛装、角头巾、绣花围腰巾、布鞋，总工分12分。年龄要求51岁以上，少角头巾扣1分，少绣花围腰巾扣1分，少布鞋扣1分，少一样扣1分，少两样扣2分，少三样扣3分。

5. 银角：穿绣花带裙子和内裙子、银衣、银帽、银角、布鞋，总工分16分，年龄要求：16（初中生）~45岁。少布鞋扣1分，少银角扣1分，少两样扣2分，不挽头扣1分。

6. 演员要求：

①男演员：穿黑家布便衣、黑布鞋，包头巾，总工分23分，少布鞋扣1分，少包头巾扣1分，少两样扣2分。

②女演员：穿银衣、布鞋、绣花带裙子加内裙子，戴银帽、银角，基本工分16分，参加演戏按演员级别发放工分，总工分20分，少布鞋扣1分，少银角扣1分。

③便衣女演员：穿黑长裙子、绣花衣加花胸腰巾、布鞋，戴银帽，基本工分为13分，加演员级别分（一级6分，二级5分，三级4分），少花胸腰巾扣1分，少银帽扣1分，少布鞋扣1分，少一样扣1分，少两样扣2分，少三样扣3分。

④高排芦笙：穿长衣、包头巾、穿布鞋、捆腰巾，工分14分，如果吹芒筒加1分，共15分，少包头巾扣1分，少布鞋扣1分，少两样扣2分。

7. 学生：必须穿民族服装（男生穿长衣、布鞋，女生穿戴银衣、银帽或绣花便衣和布鞋），扣子扣上，按原规定年级给工分。如果不穿民族服装、不扣扣子不给工分，少布鞋扣1分。具体的给分标准是：

一至二年级4分

三至四年级6分

五至六年级8分

2008年4月10日

（附录资料由郎德上寨村主任陈尚福提供）

第五章
第二段发展历程——"公司制+工分制"模式

一、"公司制+工分制"模式的诞生

2015年，雷山县为盘活郎德上寨旅游，推动"一山两寨"（雷公山+西江千户苗寨+郎德苗寨）为龙头带动全域旅游化发展，正式启动郎德上寨第二次旅游开发，在制定了郎德苗寨民族文化保护和旅游开发规划之后，2015年雷山县成立了郎德苗寨景区建设指挥部，2016年成立郎德苗寨文化旅游公司（以下称"郎德文旅公司"），为西江千户苗寨文化旅游发展有限公司（以下称"西江旅游公司"）子公司。

郎德文旅公司属雷山县一家国有企业，旅游公司的介入，意味着政府和企业两个主体介入郎德苗寨旅游的利益分红，是多方共同经营把蛋糕做大，还是保持"原生态"的旅游开发模式，经过与郎德上寨村民组织多次沟通协商，达成旅游合作。郎德苗寨由民族旅游村寨变成民族旅游景区，形成了政府主导下"公司制+工分制"的旅游管理运营模式，即郎德苗寨旅游开发由雷山县统一规划，由郎德文旅公司负责管理，而在景区核心区郎德上寨保留"工分制"。据郎德文旅公司总经理江吉介绍，自2015年正式启动郎德苗寨景区第二次旅游开发以来，郎德苗寨景区已累计投入2.5亿元，其大部分资金来源于西江旅游公司的融资和贷款，县政府也争取整合了一些项目支持，如历史文化村保护项目得到470多万元。资金主要用于景区提升改造旅游基础服务设施建设，原计划 2016 年国庆黄金周开始收取门票正式试运营，因 2015 年遭遇水灾损失较大推迟到 2017 年五一假期，门票为 60 元 / 人。自 2016 年 10 月起，郎德文旅公司与郎德上寨旅游组织达成合作协议，每天无论游客多少，每天定时定点演出两场，上午一场，下午一场，每月拨 10 万元给郎德上寨，盈亏由郎德文旅公司负责，这明确了表演时间，便于村民合理安排时间，也保证了村民旅游收入，调动了村民参与旅游的积极性。

旅游公司介入后给郎德苗寨旅游发展带来了转机，主要表现出以下几方面的优势：一是优势互补，景区管理方式更显成效。政府主导下的"公司制＋工分制"运行模式，一方面发挥了旅游公司在管理、服务、建设、营销等方面的先进理念和管理经验，另一方面"工分制"确保村民参与旅游分红的公平性，调动村民参与旅游服务的积极性。二是景区点线连接，推动景区互动式发展。西江千户苗寨景区作为国家 4A 景区，是贵州民族村寨旅游的龙头，郎德苗寨景区和西江千户苗寨只有隔山之距，两个景区同属一个旅游公司，加上雷公山国家森林公园，三个景区形成三角架，从以前的竞争对手变为合作伙伴，形成组合拳，不断增强民族文化旅游的吸引力和品位。三是统一规划，整体推进。以前的郎德苗寨旅游主要以郎德上寨为主，是一种村民主导的旅游发展模式，旅游发展各自为政，缺乏活力。在二次旅游开发中由县政府统一制定民族文化保护和旅游资源开发总体规划，按照"大郎德"旅游景区建设布局，在全国重点文物保护单位郎德上寨，以民族文化保护为主，严格执行文物保护单位相关规定，郎德下寨为旅游服务区，建设非遗展示一条街和配套旅游酒店等基础服务设施，郎德包寨和岩寨以登山旅游和休闲民宿为主，巴拉河和望丰河沿岸以亲水田园主题为主，同时景区建设辐射扩大到郎德镇周边村寨和凯里市附近村寨，据郎德镇人民政府办公室工作人员介绍，郎德镇在旅游规划中致力于打造一村一特色，将木鼓之乡乌流苗寨和苗族芦笙之乡南猛苗寨等连接起来，形成"大郎德"旅游。

目前，雷山县正立足"生态立县，文化兴县，旅游强县"的发展战略，努力打造国内外知名苗族文化旅游目的地，郎德苗寨作为"一山两寨"之一，在已有名声的基础上，未来旅游发展潜力巨大。同时郎德苗寨是黔东南州巴拉河流域旅游的核心苗寨。在《贵州省黔东南州巴拉河综合规划（2016—2030 年）》中，"中国传统村落，巴拉河亲水苗寨"是巴拉河综合规划的形象定位之一，围绕核心优势资源，人、地、产、景、文融合发展，重点打造具有区域竞争力和影响力的乡村旅游聚集带，同时成为中国乡村旅游示范区。规划中还将进一步改善巴拉河交通路网建设，其中凯里至雷山快速通道是其凯里雷山合作重点项目之一，从凯里开怀街道打通隧道即到雷山县郎德镇，大大缩短郎德苗寨与凯里都市圈的距离，凯里到郎德的车程由 40 多分钟缩短至 10 来分钟，郎德苗寨的区位优势越发明显，将会成为凯里都市休闲度假的"后花园"。

郎德苗寨是贵州少数民族特色村寨在探索发展旅游过程中的一个缩影，从兴旺到衰落，从衰落到二次旅游开发，郎德苗寨经历了一个曲折的发展过程，而不变的是在这里世代繁衍生息的苗族群众和传承着的苗族文化。郎德苗寨的旅游发展过程也足以证明，民族村寨旅游发展既要守住民族文化的根，保持特色文化，同时也要对外敞开胸怀，学习先进经验，创新管理模式，民族村寨旅游才能蓬勃发展。

二、村寨发展思路的重构

（一）发展愿景

1. 优势

郎德上寨保存了相对完整的、真实的历史遗存，同时附带了大量的历史文化信息，体现了很高的文化水准，见证了明清时期该地区苗族聚居的生活方式和文化特色，概括为：明清原生态苗族传统民居群的活标本；独具特色的苗寨防御体系、山水相望、防灾避害的苗俗风水选址典范；杨大六反清抗暴的策源地。

2. 对策

致力于整体性保护郎德上寨的自然、历史、人文环境，保护上郎德村的历史格局和传统建筑的风貌特色，保护传统上郎德村居民的民族风情特色与生活生产习俗；严格保护各类历史文化遗产的历史真实性、环境整体性和文化多样性，以最大限度地忠实保护和真实传递历史文化遗产所承载的历史文化信息；同时协调好保护和开发、保护和旅游发展的关系，满足当地经济增长、社会发展和提高人民生活水准的需要。

3. 愿景

郎德镇发展愿景：发展旅游、服务、休闲为一体的具有自身特色的旅游型城镇，国家级旅游度假胜地。

4. 功能结构

城镇职能：郎德上寨以旅游、商贸服务、生活居住为主要职能，体现黔东南苗寨传统风貌。

在镇区空间结构中：郎德镇区形成"一心一轴四片"的空间格局。

一心——郎德下寨旅游服务中心和商业中心；

一轴——依托望丰河形成的镇区主要发展轴；

四片——包括郎德上寨旅游组团、包寨生活组团、岩寨生活组团和南统配套服务组团。

其中郎德上寨组团依托历史文化名村的优势，以旅游观光及配套设施建设为主；岩寨和包寨以生活居住为主，南统主要承载镇区公共服务设施功能，为全镇提供必要的配套服务。

（二）空间发展思路

1. 发展理念

秉承文化，保护传统，展现历史，对杨大六故居及其他历史遗迹（如练兵场、跑马场、射箭场等）以及郎德上寨的非物质文化遗产进行充分挖掘，使郎德上寨实现"过去与未来并存，保护与发展相依"；维持并完善现有山水格局，对河道进行保护并清理，沿岸设置农田或花卉等田园景观，完善交通体系，保护村庄风貌与格局，对周边山体进行保护，形成"山—村—路—田—河"的格局，将郎德上寨建设成"山水田园之家"；完善郎德上寨、郎德下寨联系，强化郎德上寨、郎德下寨职能，形成郎德上寨、郎德下寨的"二村联动发展"。

2. 总体发展策略

郎德上寨与郎德镇区协调发展策略：郎德上寨在郎德镇镇区范围内，作为西面相对独立的组团与镇区协调发展。

郎德上寨与郎德下寨的统筹发展策略：完善郎德上寨、郎德下寨联

第五章　第二段发展历程——"公司制+工分制"模式

系，强化郎德上寨、郎德下寨职能，形成郎德上寨、郎德下寨的"二村联动发展"。妥善处理两村与城镇的关系，对村庄采用保护为主、另辟新区的做法，将城镇功能和大型基础设施及服务设施疏解到新区。郎德上寨为中国历史文化名村，为原生态苗寨文化博物馆，重点在保护。郎德下寨由于是郎德上寨往报德河下游迁移发展而成，是重要的传统村落和郎德镇镇区综合服务中心，重点发展旅游服务设施，为旅游业发展提供支撑。

郎德上寨规划鸟瞰图（雷山县委宣传部供稿）

郎德上寨人口疏解与新村安置：郎德上寨人均指标呈现相对饱和状态，包括住房、环境卫生、交通等方面已经开始出现人口密度较高的问题。所以，未来规划增长的人口就不适宜继续在古村范围内安置，同时为了保持古村落传统形态格局与风貌特色，总体保护策略应发展新村的建设，所以总体人口发展的策略为古村保持现状规模，逐步进行疏解，新增人口在古村以外进行安置，缓解古村内部压力。

中国乡村振兴 **示范村** | 郎德上寨 LANG DE SHANG ZHAI

郎德下寨规划鸟瞰图（雷山县委宣传部供稿）

村庄空间发展引导：在郎德上寨的空间结构布局上应本着真实性和整体性的原则进行设计，逐步使之达到相对和谐的状态。现状古村与周边的自然村已经逐步得到发展，为保护古村整体格局风貌，并处理好与周边村庄的关系，在总体层面考虑构筑古村核心，利用自然生态景观要素将古村形态逐步廓清，形成相对独立的发展组团，通过绿带和水系的强化使郎德上寨与新安置区保持一定的空间距离，使新村的建设不影响古村的保护状态，保持古村相对的独立性，维护古村景观风貌的完整性。

3. 总体布局

将镇政府、派出所、卫生室等公共设施搬迁至村庄南部巴拉河以南区域，城镇的大型基础设施和公共服务设施也结合新区设置，郎德上寨和郎德下寨以保护为主，新区建设应与村寨的风格协调统一，现状的公共设施的建筑保留并将其功能置换为商业街、农家乐等设施。村寨以疏解和完善肌理、丰富生活空间为主，仅在郎德上寨的东北部、郎德下寨北部及308省道东部规划少量建设用地，作为村庄有机发展之用。加强郎德上寨、郎德下寨之间的联系，共同设置一个入口广场和接待中心，在报德河沿线打造旅游景观带，设置花卉、农田等田园风光，设置滨河小道，开展休闲自行车、电瓶车、酒吧长廊等现代休闲活动。恢复或整理沿线的历史遗迹，增设寨门，设置12道拦路酒和鱼骨形鹅卵石步道，将水碾房、水车、跑马场等加以利用和修复，形成连续的旅游空间。

将位于郎德上寨的游客服务中心改造成旅游接待点，结合郎德上寨的三道寨门、博物馆、芦笙场、杨大六故居等景点形成相对完善的旅游体系。保护并适当修缮现有的风雨桥，对护寨树、古井等具有历史价值的环境要素进行保护。

将郎德上寨北部中寨门东侧的农田作为郎德上寨新区建设用地，将郎德下寨镇政府东北侧的空地用作郎德下寨新区建设用地，在其中新建住宅，住宅的形式和风貌应与村寨中现有的住宅的总体风貌相协调。

（三）基础设施建设

1. 道路交通设施

由于古村落依山而建，寨内青石板的小路基本顺着或垂直等高线铺设，自然形成灵活多变的街巷。外围道路已经硬化油化。道路分为主要车行道、内部主要步行道、内部次要步行道、步行连接道，使道路的未来发展系统化。

主要车行道为省道308线及村道，省道308线主要为村寨提供一个良好的对外交通环境；村道方便村民的生活及游人进出景区，对过往车辆进行限制，保护名村的传统聚落气氛；内部主要步行道为到达核心保护范围及联系重要景观节点的环路；内部次要步行道为核心保护范围联系村内较远的景观节点的道路；步行连接道是指村内以"树枝状"为主的传统巷道。现有停车场两个。

2. 给水设施

给水水源：村寨水源由周边山体上海拔815米标高的高位水池供水。

给水系统设施：进水主管管径为DN100；主配水管成环状布置，与消防给水管共用；配水管在巷道侧坡地下敷设，支配水管由配水点决定在地面明装或地下敷设。

消防给水规划：消防给水与生活给水为共用系统。重要建筑物外巷道上设置室外消火栓，在望丰河边设置消防码头与泵房，作为消防用水的辅助水源。

3. 污水设施

村寨内居民家庭的污水和公共厕所的污水先排放至化粪池，化粪池可以是一家独有也可以是附近几家公用，化粪池的污水经污水管集中排放至寨子总污水池，污水池的污水和污泥用于农业生产。

4. 雨水设施

寨内雨水就近、分散、重力流或经雨水管渠排入保护区内水体。村寨南侧为大山，为消除山洪危害，沿南边沿设截洪沟。

5. 电网改造，通信、广播电视设施

电源接郎德35千伏变电站。电力线近期延续架空线敷设，远期逐步考虑采用电缆埋地敷设。

村内主要道路、古巷道沿路设置路灯照明，采用太阳能路灯，造型符合苗族风格。村庄内步行道照明以居民自家独立设置路灯为主。

村庄已开通移动通信服务，信号由覆盖开屯乡的移动通信机站提供。广播电视信号由郎德镇电信所引入，在村庄设置信号放大器、分配器等前端设备，建立完善的广播电视网，电视信号传输线路近期采用架空敷设。

6. 环卫设施

垃圾收集点：分片区进行垃圾回收，在旅游接待中心旁建设新的垃圾回收站；厨余垃圾由寨民自行处理，主要用作猪饲料，其余倒入化粪池以作肥料；对其他垃圾进行分类回收，设置分类垃圾桶，有专人管理，每日定时运往村口垃圾回收站，每3日由专车运往附近垃圾处理站。

公共厕所：每300~500米设一座，有公厕5座。

三、旅游发展格局的重塑

郎德上寨被确定为"国家重点文物保护单位"和"国家级历史文化村寨"称号，但由于经济交通等多种原因，郎德上寨丰富而独特的旅游资源远未得到发掘，其文物保护也面临诸多亟待解决的问题。因此，制定旅游发展规划，有利于将郎德上寨的文物保护与旅游开发有机地结合在一起，充分发挥其自然、人文、社会等三大旅游资源的整体优势和功能作用；有

利于保证郎德上寨弥足珍贵的旅游资源利用的永续性，确保其经济效益、环境效益的协调发展，从而实现郎德镇的可持续旅游发展。

1. 旅游发展总体定位

雷山县旅游业已形成"一山（雷公山）两寨（西江千户苗寨，郎德上、下寨）一线（巴拉河沿线）一中心（县城服务中心）"的旅游发展格局。

郎德上寨、下寨位于雷山县北出口，交通便捷，周边旅游资源也非常丰富，有西江千户苗寨、雷公山景区，具有旅游开发重要的交通优势。同时，郎德上寨选址讲究，周围环境幽美，建筑遗产丰富，文化内涵深厚，建筑形式独特，可观赏性极强，具有非常高的保护价值和开发价值，可以整治为一处集文化教育、艺术欣赏、历史研究、科学考察等多功能为一体的旅游区。

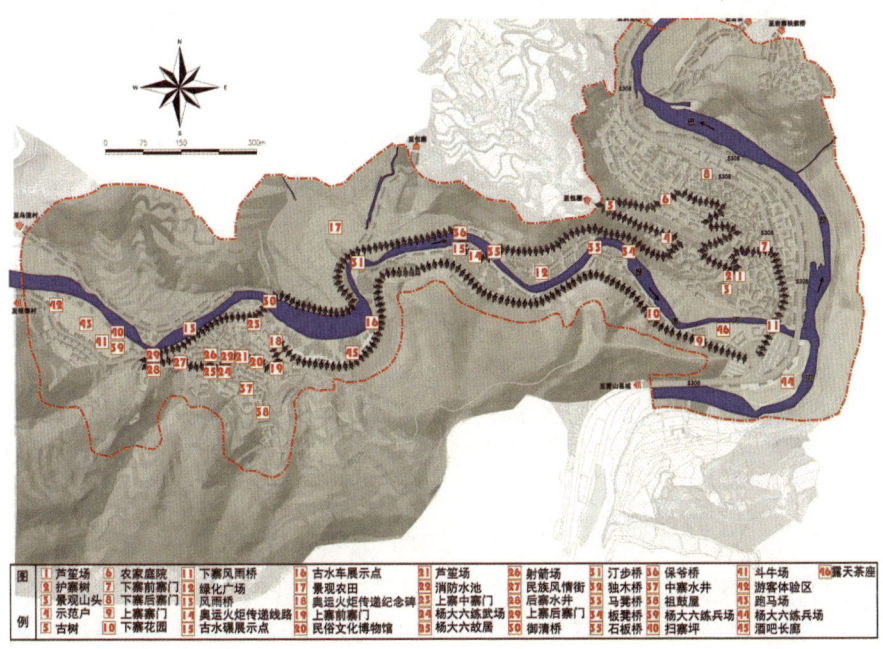

郎德上寨、下寨旅游景点及游线规划图（雷山县委宣传部供稿）

应该以郎德上寨自然景观旅游资源为基础，以现代旅游需要为导向，塑造"观风物民俗，抒发思古情怀，慰藉城市喧嚣"的旅游精品与名品。郎德镇的旅游产品应该以开发人文古迹为主线，以民族风情文化为纽带，与生态度假休闲旅游相辉映，形成古迹观光、生态观光、民俗风情、会议、商务、度假休闲、娱乐、购物等多种旅游系列产品综合配套、协调发展的整体态势和格局。

2. 旅游服务设施设置

在下寨南侧，报德河和巴拉河两河汇流处结合308省道设置停车场及入口广场，结合入口广场设置上寨寨门、游客服务中心及农家乐接待点。游客服务中心建筑风貌需与上寨整体建筑风貌相协调。

游客服务中心主要设置购票处、指示牌、休息座椅、导游服务、服务中心（提供信息资讯，接受游客投诉）、触屏导览系统和景碟播放系统、设备出租（轮椅、担架、拐杖、童车、雨伞、山地自行车等设备）、休闲观景台、小卖部、公共厕所等设施。

上寨设置旅游接待点、农家乐。

沿巴拉河河滩设置休闲茶座或作烧烤场地。

旅游接待点设置指示牌、旅游地图、篮球场，结合风雨桥设置中寨门。

农家乐结合村民住宅设置，游客可参与吃农家饭、饮农家酒、享农家乐、干农家活等一系列农家活动，开展种植、采摘、畜牧、喂养等农事体验活动。

旅游服务带上设置休闲酒吧长廊。

村中民居可开办家庭式旅馆，对民居加以改造，不求奢侈、豪华，但一定要干净、舒适、安全，达到卫生标准。

改造原粮库等建筑为纪念品销售店，销售具有浓郁苗族民族特色的纪念品。

3. 郎德上寨展示与利用

（1）展示要素

民俗风情体系，鼓藏节、苗年节、12道拦路酒、扫火星、敬酒歌、铜鼓舞、芦笙舞等。

博物馆体系，丰富和完善现郎德民俗陈列馆、杨大六故居纪念馆以及规划的家庭博物馆、展示馆。

标志物体系，包括碑刻、铺地、小品、雕塑、文物复制品、古建筑片断或构件、重要地物、路牌或其他的历史信息提示物，用以记载、提示、纪念或反映古迹名胜、古城节点、历史人物、历史事件等历史性内容。

名胜古迹，如古战壕、围墙、隘门、军火库、跑马道等遗址。

古村落节点，如寨门、护寨树、古井、风雨桥、铜鼓场和隘门及城墙等遗址。

历史人物，如杨大六等。

历史事件，如清咸丰年间，苗族义军领袖杨大六、张秀眉率领义军抗击清军传统工艺展示，如酿酒、刺绣、纺织、蜡染、服饰、乐器制造、银饰制造、马尾斗笠制作等。

（2）功能分区

分为郎德上寨露天建筑博物馆展示和郎德下寨综合旅游接待区，主要呈现以下内容：

旅游核心接待区：以铜鼓坪及其周围建筑作为郎德上寨文化旅游的核心接待节点，民俗博物馆应综合展示郎德上寨的历史文化风俗等内容，扩大展示规模和展示深度，歌舞表演增加观众互动节目。

村寨历史展示区：粮仓群、消防水池、铜鼓坪及杨大六故居一起构成了村寨历史展示区，展示郎德上寨形成和发展的过程，展示古村落悠久的历史文化。

民族工艺展示区：利用晒场及周围建筑，设立兼具展示、体验、出售等功能的手工作坊，如酿酒作坊，纺织、刺绣、蜡染工坊，芦笙制造工坊，银饰制造工坊，马尾斗笠制造工坊等。

农家乐等餐饮区：展示功能则结合现有专业户，分散在寨内各处。

田园风光区：望丰河以北的田园区，展示苗家传统耕作方式，展现梯田、水田农耕文化以及开展望丰河水上娱乐活动。

登山观光区：郎德上寨的报吉山（南坡），展示神秘的护寨树林、森林风光以及防御体系遗址古战壕、围墙、隘门、军火库、跑马道等。

新村建设区：郎德上寨以西，公路以南的新村，维持苗寨传统风貌，与现郎德上寨聚落风貌及自然环境相协调，改善村民生活水平，展示苗寨新农村风貌。

郎德下寨综合旅游接待区：作为报德乡政府所在地，承担了报德乡行政、商业、文化教育、公共服务等功能。

增设旅游信息服务和接待功能，完善旅游基础设施，建立游客服务中心；增加苗寨特色产品商店，完善旅游购物环境；改善农家乐居住环境质量和品位，建设较大规模旅馆，扩大旅游接待容量；增设苗族风情歌舞表演、苗族歌舞教授、苗族语言学习等活动项目，丰富游客的旅游体验；增设斗鸡、斗猪场，增加旅游项目，使游客体验苗族独特的民俗文化；设置大型停车场，设置旅游大巴与环保电瓶车的换乘站。

4. 旅游线路规划

上寨和下寨统一考虑旅游线路，整体上形成一条旅游环线，起始于入口广场，线路为上寨新寨门——花带——古水车——休闲酒吧长廊——奥运火炬纪念碑——上寨前寨门——民俗文化博物馆——踩鼓坪——古消防水池——杨大六练武场——杨大六故居——射箭场——民族风情街——后寨水井——上寨后寨门——杨大六练兵场、扫寨坪、斗牛场——跑马场——游客体验区——上寨风雨桥——御清桥——观景农田——汀步桥——保爷桥——古水碾——奥运火炬传递线路——石板桥——马凳桥——板凳桥——示范户——古树——农家庭院——下寨芦笙场——下寨护寨树——景观山头——下寨寨门广场——下寨风雨桥——下寨入口寨门。

附录：雷山县郎德文旅发展有限责任公司管理制度

行政部管理制度

第一条　总则

（一）为加强公司行政事务管理，理顺公司内部关系，使各项管理标准化、制度化，提高办事效率，特制定本规定。

（二）本规定所指行政事务包括档案管理、印鉴管理、公文打印管理、办公及劳保用品管理、库房管理、报刊及邮发管理等。

第二条　档案管理

（一）归档范围：公司的规划、年度计划、统计资料、财务审计、经营情况、会议记录、决议、决定、委任书、协议、合同、项目方案、通告、通知等具有参考价值的文件材料。

（二）档案管理要指定专人负责，明确责任，保证原始资料及单据齐全完整，密级档案必须保证机密安全。

（三）档案的借阅与提取

1. 总经理、副总经理、总经理办公室主任借阅非密级档案可通过档案管理人员办理借阅手续，直接提档；公司其他人员需借阅档案时，要经主管副总经理批准，并办理借阅手续。

2. 借阅档案时必须保持档案干净、整洁、无涂改，注意安全和保密，严禁擅自翻印、抄录、转借、遗失。如确属工作原因需要摘录和复制，一般内部档案经总经理办公室主任批准即可；凡属密级档案，必须由总经理批准后方可摘录和复制。

（四）档案的销毁

1. 任何组织或个人非经允许无权随意销毁公司档案材料。

2. 若按规定需要销毁时，一般内部档案，须经公司办公室主任批准后方可销毁；凡属密级档案须经总经理批准后方可销毁。

3. 经批准需销毁的公司档案，档案人员要认真填写、编制销毁清单，做好详细记录，并由专人监督销毁。

第三条　印鉴管理

（一）公司印鉴由行政部经理负责保管。

（二）公司印鉴的使用一律由主管副总经理签字许可后印鉴管理人方可盖章，如违反此项规定造成的后果由直接责任人员负责。

（三）公司所有需要盖印鉴的介绍信、说明及对外开出的任何公文，应统一编号登记，以备存档、查询。

（四）公司一般不允许开具空白介绍信、证明，如因工作需要或其他特殊情况确需开具时，必须经主管副总经理签字批条方可开出。持空白介绍信外出工作回来必须向公司汇报其介绍信的用途，未使用的必须交回。

（五）严禁任何人员私自盖章用于个人用途，盖章后出现的意外情况由批准人负责。

第四条　公文打印管理

（一）公司公文的打印工作由行政部办公室负责。

（二）各部室打印的公文或其他资料须经本部门负责人签字，交行政部打印。

（三）公司各部、室所有打印公文、文件，必须一式三份，交行政部办公室留底存档。

第五条 办公及劳保用品的管理

（一）办公用品的购发

1. 每月月底前，各部、室负责人将该部门所需要的办公用品制定计划提交行政部办公室。

2. 行政部办公室指定专人制定每月办公用品计划及预算，经主管副总经理审批后负责将办公用品购回，根据实际工作需要有计划地分发给各个部、室，由部、室主任签字领回。

3. 除正常配给的办公用品外，若还需用其他用品的须经行政部办公室主任批准方可领用。

4. 公司新聘工作人员的办公用品，办公室根据部、室负责人提供的名单和用品清单，负责为其配齐，以保证新聘人员的正常工作。

5. 负责购发办公用品的人员要做到办公用品齐全、品种对路、量足质优、库存合理、开支适当、保管完好。

6. 负责购发办公用品的人员要建立账本做好记录，办好入库、出库手续。出库时一定要由领取人员签字确认。

7. 办公室用品管理一定要做到干净、整洁、安全、防火、防盗并严格按照规章制度办事，不允许非工作人员进入库房。

（二）劳保用品的购发

劳保用品的配给，由总经理办公室根据各部、室的实际工作需要统一购买、统一发放。

第六条 库房管理

（一）库房物资的存放必须按类别、品种、规格、型号分别建立账卡。

（二）采购人员购入的物品必须附有合格证及入库单，收货时要当面点清数目，检查包装是否完好，如发现短缺或损坏，应立即拆包清点数目；如发现实物与入库单数量、规格不符时，库房保管员应向交货人提出并通知有关负责人。

（三）物资入库后，应当日填写账卡。

（四）严格执行出入库手续，物资出库必须填写出库单，经公司办公室主任批准后方可出库。

（五）库房物资一般不可外借，特殊情况须由总经理或副总经理批准，办理外借手续。

（六）严格管理账单资料，所有账册、账单要填写整洁、清楚、计算准确，不得随意涂改。

（七）库房内严禁吸烟，禁止无关工作人员入内，库内必须配备消防设施，做到防火、防盗、防潮。

第七条 报刊及邮发管理

（一）报刊管理人员每半年按照公司的要求作出订阅报刊计划及预算，负责办理有关订阅手续。

（二）报刊管理人员每日负责将报刊取回并进行处理、分类、登记，并分别送到有关部门。有关部门处理后，一周内交回办公室由报刊管理人员统一保管、存档备查。

（三）任何人不得随意将报刊挪作他用，若需处理，需经总经理办公室主任批准。

财务部管理制度

第一条 为了完善公司财务工作管理条例，规范财务部资料的取得和有效传递过程，理顺公司内部财务管理关系，明确各职能部门、项目管理部门的职权，确保公司财务工作按照法律规定顺利进行，特制订本管理制度。

第二条 本制度适用于财务部全体工作人员，以及公司对内和对外的财务管理工作。

第三条 财务部人员必须严格遵守公司相关管理制度，按上班时间准时打卡上班，工作期间严禁聊天、睡觉、吃东西及做一切与工作无关的事情，一经发现将根据公司相关规定给予扣分处理。

第四条 财务部人员必须爱护部门公共物资，妥善保管档案资料，若因个人原因给公司造成损失者，将按相关规定给予严肃处理。

第五条 财务部工作人员必须按照相关规定，遵守各项收入费用开支范围和开支标准，挖掘增收节支的潜力，合理使用资金，加强资金管理，做好各项结算工作，确保公司计划和利润指标的实现。

第六条 按照公司合同、章程以及国家有关会计制度的规定实施财务工作，做到手续完备，内容真实，数字准确，账目清楚，日清月结，按时报账；做好公司会计凭证、账簿、报表等财务档案的管理工作。

第七条 工作人员要做好公司各项费用开支的审计、支付、监督、检查等工作；做好公司工程用款计划和管理费用的报批，审核工程拨款计划、核实工程进度，严格按照管理权限的要求和工程形象进度拨付工程款，杜绝超拨现象。

第八条 必须及时准确地为执行总经理（或分管财务副总经理）提供核算资料和经济信息，协助执行总经理做好公司有关财务的经营管理工作，负责考核资金使用效果，发现经营管理中出现的问题，及时向公司提出合理化建议。

第九条 要做好对上报表、对外公布数字的制定、核准工作，并负责与相关业务部门、单位的工作联系和关系协调工作。

第十条 在对公司服务体系架构和公司运作的专业化研究过程中，提供财务政策和专业研究方面的支持。

第十一条 认真编制记账凭证，及时编制各类报表，妥善管理会计账册档案，避免档案流失、损坏或信息外泄。

第十二条 及时拟定各项财务计划，为公司领导提供详细、准确的财务分析报告。

第十三条 严格票证管理规范，杜绝白条入账、充账，认真做好票证的发放、使用、核销和票款入库工作。及时购置票证，保证正常业务供应，确保无差错。

第十四条 定期参加公司物资盘点工作，做好资产保值增值及闲置资产再利用工作。

第十五条 加大对景区所有财务活动的监督和审查工作力度，确保公司财产不受损失，并对固定资产和所需物品的购进、使用、消耗情况进行全面监控，保证不铺张、无流失。

人力资源部管理制度

第一条　部门核心职能

作为公司人力资源管理部门，选拔、配置、开发、考核和培养公司所需的各类人才，制订并实施各项薪酬福利政策及员工职业生涯规划，调动员工积极性，激发员工潜能，对公司持续长久发展负责。

第二条　具体工作职责

（一）制度建设与管理

1. 制订公司中长期人才战略规划。

2. 制订公司人事管理制度、公司人事管理权限与工作流程，组织、协调、监督制度和流程的落实。

3. 核定公司年度人员需求计划，确定各机构年度人员编制计划。

4. 定期进行市场薪酬水平调研，提供决策参考依据。

5. 指导、协助员工做好职业生涯规划。

（二）机构管理

1. 配合相关部门，做好人才储备，部门筹备设立等方面工作。

2. 公司管理系统各级机构的设置、合并、更名、撤销等工作的管理。

3. 制订公司机构、部门和人员岗位职责说明书。

4. 公司管理人员的考察、聘任、考核与解聘等管理工作。

5. 监督、检查与指导各部门工作。

（三）人事管理

1. 员工招聘、培训、入职、考核、调动、离职管理。

2. 公司后备干部的选拔、考察、建档及培养。

3. 公司干部和员工的人事档案、劳动合同管理。

4. 协助组织各专业序列技术职务的考试与评聘。

5. 提供各类人力资源数据统计及分析。

6. 管理并组织实施公司员工的业绩考核工作。

（四）薪酬福利管理

1. 制订并监控公司系统薪酬成本的预算。

2. 核定、发放公司员工工资。

3. 制订、实施和管理公司员工福利政策（并管理和实施）。

（五）培训发展管理

1. 公司年度培训计划的制订与实施。

2. 监督、指导公司各部门的教育培训工作。

3. 管理公司员工培训、学历教育和继续教育等相关工作。

4. 制订公司年度教育培训经费的预算并进行管理和使用。

5. 开发培训的人力资源和培训课程。

（六）其他工作

1. 制订公司员工手册。

2. 定期进行员工满意度调查，开发沟通渠道。

3. 联系高校、咨询机构，收集汇总并提供最新人力资源管理信息。

4. 公司人事管理信息系统的建设与维护。

票务部管理制度

第一条 为进一步规范和完善公司各项规章制度，加强对景区门票的售票和检票管理，减少逃票、倒票和缺票行为，保护公司利益不受损害，特制定景区门票管理制度。

第二条 景区使用的门票样式由郎德旅游公司设计，由郎德文旅公司与县邮政部门合作定点印制，严禁其他部门或个人私印、伪造。县税务部门负责门票的保管、进出库、核对等有关工作。文旅公司财务股设票务专职（或兼职）保管员，负责门票的领用、保管、回收登记、计账、核算等工作。售票员每天到文旅公司财务股领用。

第三条 门票的保存管理

（一）由于门票调价、霉变、重新设计等原因，造成库存门票报废，票务保管员应及时清理造册，报公司董事会审批，由郎德文旅公司和税务部门负责监督销毁。

（二）门票的出入库必须登记清楚，财务室负责做好门票的印制申请及门票需要额预算。

（三）售票员不能将门票带回家中或带出到外面游玩，门票必须由专人管理，售票员上下班必须把门票存放在指定位置。

（四）存放门票的库房必须有较好的安全基础，除专门的工作人员以外，其他人员不得进入门票库房。

第四条 为吸引广大游客，景区可在物价部门定价的基础上根据情况对散客门票实行折扣优惠，折扣控制在6折以上，折扣优惠实施办法的制订和修改由文旅公司负责，报县国有资产管理办公室审批后实施。

第五条 为进一步开拓郎德景区旅游市场，对有关旅行社等涉旅服务行业（旅行社、旅游公司、旅游协会等）实行门票折扣优惠和奖励相结合的制度，优惠和奖励实施办法的制订和修改由文旅公司负责。

第六条 为减轻县级各部门的接待经费压力，对县内各部门的行政接待实行门票折扣优惠管理制度，优惠制度的制订和修改由文旅公司负责，报县人民政府审批后实施。

第七条 为了规范到景区访亲拜友群体的通行，维护景区正常的通行秩序，对该类群体实行免费进入，相关通行标准和制度由旅游公司制订和修改，征求郎德镇政府、村委会及村民代表意见后，报郎德文旅公司董事会审批后实施。

第八条 上级党政领导、上级主管部门、其他旅游部门、景区景点负责人等正常行政接待及新闻界来人要求减免门票的，须出示优惠函，由公司票务部分管领导审批或委托其他分管领导审批，交由票务部主管按规定办理门票减免手续。部门接待需要优惠门票的，由分管领导签字或委托票务部主管签字并按规定办理门票优惠手续。

第九条 省内常年为郎德景区旅游做出贡献的单位或社会宣传创作人员，由单位或本人提出申请，经经理室会议研究后，由文旅公司发放常年免票出入卡。

第十条 经景区管理局或县相关部门许可在景区内从事经营的外来人员，由旅游公司票务部统一制订和发放景区出入卡，可免票进入景区。

第十一条 门票免费对象（以下人员凭相关证件在门票检票口办理有关手续，可免票进入景区游览，一证一人且证件只能本人使用）。

（一）持有效证明的14周岁以下儿童，在进入景区游览时必须要有监护人同行，未能有监护人同行的，拒绝其进入景区。

（二）年满60周岁并持有身份证或老年证的老年人。

（三）新闻媒体人员：持有国家新闻出版总署颁发的省级以上记者证的相关新闻媒体人员。

（四）现役军人。

（五）持有国家旅游主管部门颁发的旅游行政执法证、旅行社经理资格证、导游证、县内地陪证等有效证件的人员。

（六）持有效证件的残疾人和伤残军人。

（七）在雷山县工作并持有雷山县委或县政府印制的工作证的工作人员。

（八）持有雷山县公安局颁发身份证的县内人员或暂住证人员。

（九）黔东南籍人员。

第十二条 免票对象（下列人员进入景区只需办理免票通行，但不能参观景点）。

（一）郎德村人，对新添加人员须经村委会证明后由票务纠察队登记备案。

（二）郎德村在外工作人员、已嫁人员及他们的直系亲属，要进行登记造册建档立案，核准进入。

（三）访亲拜友人员。郎德村农户家有红白喜事的（含其他事有亲戚来访的）须到村民通道提出申请，核实后方可给来访人员放行。

（四）到景区实施抢险救援等特殊人员通过一事一议实行免票，由文旅公司分管领导审批后由票务中心办理通行手续。

第十三条 门票优惠对象（以下优惠折扣以现行的散客票价为基数进行核算）。

最高为大学本科的在校生持本人学生证可享受5折优惠。

旅行社管理制度

第一条 工作时间：8：30—18：00（除特殊情况外），12：00—14：00为午餐休息时间。

第二条 上班实行打卡制度，上班时间必须坚守工作岗位，不串岗、抽烟、睡觉、饮酒，不互相搭讪攀谈、说笑、议论他人，工作中应具有团队精神，通力协作。

第三条 着装要求：工作时间必须按公司要求着统一工作服、佩戴工作证。保持仪容仪表端庄整洁、言谈举止优雅大方，出入办公室不得大声喧哗、唱歌、吹口哨，进入他人办公室、办公区应有礼貌。

第四条 给游客提供咨询服务时一律使用普通话和文明用语。单位内与同事应点头行礼或打招呼以示致意，与上司、同事、客户握手时用普通站姿，并目视对方，大方热情、不卑不亢。

第五条 工作时间内严禁在办公室用电脑看电视节目、打游戏或做与工作无关的事情，严禁打与工作无关的闲聊电话。

第六条 工作时间内办公桌上不得摆放与工作无关的物品，保持桌面整洁，维护公司整体办公形象，未经同意不得任意翻阅不属于自己负责的文件、公函或随意翻看同事的文件、资料等。

第七条 接听电话应先问候，并自报公司、部门。对方讲述时应留心听，并记下要点，通话结束时礼貌道别。

第八条 服从上级安排，完成指派任务。如有不同意见，应婉转相告或以书面陈述表达自己的意见，不得无故顶触上司，拖延工作任务。

第九条 增强自身工作责任感和自豪感，自觉维护公司形象、保守商业机密，不做任何有损公司荣誉和利益的行为。

第十条 任何人员不得以任何形式收受游客馈赠、挪借财物、假借职权、营私舞弊，不得对外擅用公司名义谋取私利。

第十一条 对待客人、来宾应保持热情、谦和、礼貌、诚恳、友善的态度,对待客人委托的事项应及时周到处理,不得草率、怠慢对方或敷衍、搁置不办。

第十二条 遇到游客有意见的情况时,工作人员必须态度温和、礼貌解释,严禁与游客发生语言及肢体冲突。当游客询问公司有关业务及人员情况时,如若涉及商业秘密,应婉言谢绝,非本职范围内的,不得信口开河。

第十三条 在履行职务时,不得擅自越权处理有关事务。属本职业务范围内的事务须对外签署时,应事先通报部门经理及公司授权批准后方可签署;非本职务范围内的业务,须及时通知相关部门处理。

安保部管理制度

第一条 为加强安保工作管理,保障游客安全,形成职责明确、统一协作、高效运转的有效运行机制,杜绝重大意外事件的发生,有条不紊地开展好各项工作,特制定本部门管理办法。

第二条 本部门致力于建立景区安保管理体系,健全景区各项安保制度,不断提高工作人员的工作技能和素质,保护游客的人身财产安全以及公司财产安全。

第三条 建立健全并实施各项应急预案,做好各项预案的演练、演习等工作。

第四条 做好各重点部门的安全防范工作,确保停车场游客车辆安全、票口管理制度等的有效贯彻和实施。

第五条 定期对本部门安保人员、停车场管理人员进行岗位培训,进行准军事化管理,并认真进行考核和评价,不断提高员工的工作技能和服务意识。

第六条 定期对安保人员及停车场管理人员进行思想政治教育,培育其对自身工作的职业自豪感和荣誉感,不断提高个人素养,更好地为游客服务。

第七条 有下列情形之一者,一经查实,将给予严肃处理:
(一)在工作、备勤时间以外着保安制式服装饮酒、娱乐者;
(二)无故和游客发生争吵及肢体冲突,严重影响公司和景区形象者;
(三)在工作值岗时喝酒、赌博,影响正常工作者;

（四）在工作之外滥用、转借保安防卫器械，造成恶劣影响者。

停车场管理制度

一、车辆管理负责人职责

1. 依法循章对交通、车辆进行管理。
2. 负责按物价部门收费规定收取车辆停车费。
3. 熟悉掌握车辆流通情况，车位情况，合理布置安排，优先保证游客使用车位。
4. 负责监督和落实员工岗位职责，对员工进行日考核，填写"员工日考核表"。
5. 负责每日工作检查。
6. 负责对外协调与联系，处理车辆管理方面的问题和客户投诉。
7. 负责对员工进行法制教育和职业道德教育，不断提高服务质量。
8. 负责对员工进行岗位培训，并做好培训记录。
9. 定时向公司领导汇报工作。

二、车辆管理员的职责及纪律

1. 车辆管理员的职责如下：

（1）负责对停车场的汽车、摩托车，以及保管站内的自行车进行管理。

（2）实行24小时轮流值班，服从统一安排调度。

（3）按规定着装，佩戴工作牌，对出入车辆按规定和程序指挥放行，并认真填写"车辆出入登记表"。

（4）遵守规章制度，按时上下班，认真做好交接班手续，不擅离职守。

（5）按规定和标准收费，开具发票，及时缴交停车款。

（6）负责指挥区内车辆行驶和停放，维持停车秩序。

（7）负责对停车场的停放车辆进行巡视查看，保证车辆安全。

（8）负责停车场的消防以及停车场、值班室、岗亭和洗车台的清洁工作。

2. 车辆管理员的纪律

（1）仪容整洁，遵守仪容仪表规定。

（2）执行公司文明礼貌用语规范，讲究文明服务，礼貌待人。

（3）严格遵守交接班制度。

（4）值班时禁止喝酒、吸烟、吃东西；不准嬉笑、打闹，不准在值班时会客、看书报、听广播及做其他与值班职责无关的事。

（5）爱护各种器具，不得丢失、损坏、转借或随意携带外出。

（6）依法办事，廉洁奉公，坚持原则，是非分明。

（7）禁止在停车场所管物业范围内打麻将；不准借娱乐之名搞变相赌博。

（8）团结互助，禁止闹纠纷；不说脏话，不做不利团结的事。遵守《员工宿舍管理规定》，不得带人留宿，来客留宿必须经停车场主管批准。

交通运营部管理制度

第一条 为贯彻执行公司管理制度，提高交通营运部工作效率，实现科学、安全驾驶，增加公司经营收入，防止漏票、逃票等现象的发生，特制定本部门管理办法。

第二条 售票员、检票员必须统一着装，提前到岗，做好上岗前的各项准备，并确定售票、检票系统运行正常。

第三条 售票员、检票员工作时必须使用普通话，态度谦恭、语气温和，耐心礼貌地回答游客的询问和咨询。

第四条 散客购买观光车票为单程5元/人，售票员在售团队票时必须认真检查导游证、行程单，核实后方可售票。

第五条 检票员检票时需提醒驾驶员安全营运，认真核对车票与车上人数是否一致，检票时避免错检、漏检，若由此造成损失由检票员自己负责。

第六条 售票员每天工作结束前必须及时把收入款项做好统计并上交财务室，并进行认真记录。严禁售票员私吞、少报、瞒报、漏报票款，一经查实，将给予严肃处理。

第七条 对观光车和行李倒运车进行编号，并按照编号进行合理排班，确保游客的输运畅通。

第八条 售票员、检票员和驾驶员相互监督，一旦发现有违法违纪行为则要及时上报部门领导，一经查实，将给予举报人一定的奖励。

第九条 驾驶员要时刻注意车辆的运行情况，若车辆出现故障需要维修，必须及时停运并上报部门领导，维修正常后方可重新营运，避免发生交通事故。

第十条 完成上级领导交办的其他工作。

环卫部管理制度

第一条 为进一步规范和完善公司各项规章制度，加强对景区环境卫生的管理和监督，治理"脏、乱、差"、美化环境、优化秩序、普及卫生知识，养成文明生活方式，争创文明卫生城镇，全面改善景区环境和卫生面貌，特制定本制度。

第二条 多渠道多方式开展宣传活动，进一步统一景区内群众的思想认识，提高全民的文明卫生意识和自觉参与行动的积极性，在景区内营造浓厚的保护环境卫生的氛围，使环境卫生工作家喻户晓，老少皆知，并成为景区内群众的自觉行动。

第三条 加大基础设施建设，优化和发展人居环境。在寨内主步道两侧增设垃圾箱。

第四条 加强对寨内环境卫生的管理。按照卫生文明城镇的标准，加强对街道管理，努力将郎德建成卫生文明示范村寨，树立形象，优化环境。

第五条 推进寨内卫生示范户建设，建设示范户开展"三清三治"（清垃圾、清污泥、清路障，治脏、治乱、治差）。

第六条 集中开展卫生大整治。建立健全保洁员管理机制，对保洁员管理实行不定时查岗。对保洁路段进行调整，要求保洁员对卫生死角做长期保洁，改善村容村貌卫生状况，垃圾清运率达100%。

第七条 加强督察，确保实效。进一步完善卫生管理监督、考评、奖惩制度，做到以制度约束人、管理人，确保寨内卫生有序和长效推进。

第八条 组织落实环境卫生突发事件的应急处置工作。

第九条 组织环境卫生绩效考核和监督评价工作。

第十条 受理并处理有关损害环境卫生行为的举报或投诉，定期组织开展清洁评比活动。

第十一条 保洁人员必须每天按时打扫公司及景区卫生，且不留死角，并不定时进行巡视，确保干净整洁。

第十二条 环境卫生保洁，应当达到景区管理部门规定的环境卫生质量标准。环境卫生保洁人员应当按照有关操作规程进行操作。

第十三条 严禁保洁员在垃圾转运站、垃圾容器内焚烧树叶和垃圾，严禁将树叶、煤灰和其他垃圾倒入河内。

文化部管理制度

为确保郎德景区文化演艺演出质量及整体效果，改进提高工作效率，建立科学规范的劳绩分配机制，对部门工作人员业绩进行客观、公平、公正的评价，并通过此制度合理地进行价值分配，坚持"多劳多得，不劳不得，优绩优酬"的原则，特制订本制度。

一、考核制度

1. 当月工资＝基本工资（50％）+绩效工资（50％）＋100元全勤奖励（其中，基本工资为固定工资，绩效工资为浮动工资）。

2. 演员当月工资基数由公司领导、人力资源部、文化部根据演员的专业水平、工作岗位、工作表现及演出情况综合梯次评定。

3. 演员的绩效工资按照相应标准作出考核：

①考核总分为100分（演员每扣1分等于扣绩效工资总额的1％），1分＝30元；

②当月实得考核分数＝100－当月被扣分数；

③绩效工资计算方法：绩效工资基数÷100分×当月实得考核分数＝当月绩效工资；

④凡一月积分未达80分者，第一次给予书面警告处理；第二次给予扣除当月工资50％的处理；第三次给予辞退处理。

二、考核细则

（一）考勤管理制度及考核细则

1. 轮休办法

所有演出人员每月轮休6天，由部门根据情况安排调整后将轮休表报给人力资源部，原则上不允许相同表演岗位同一天休息。

2. 无故迟到

所有演员实行打卡上下班制度，上班打卡不能晚于10：00，下班打卡不能早于18：00。12道拦门酒演员需提前10分钟到岗，迟到15分钟以内者扣1分，迟到15分钟以上者按旷工半天处理，迟到30分钟以上者按旷工1天处理；一个月内迟到累计达3次者立即开除，并根据公司绩效考核管理制度扣发本月绩效工资，取消当月任何评优评先资格。

3. 擅自离岗

离岗达 15 分钟以内者扣 2 分；离岗达 15 分钟以上者，按旷工半天处理；离岗达 30 分钟以上者，按旷工全天处理；一个月内擅自离岗累计达 3 次者立即开除，取消当月任何评优评先资格。

4. 请假

演出人员因各种原因请假，须提前向文化部管理人员电话说明情况，严禁事后请假，否则一律以旷工处理，并按实际天数扣发工资；遇特殊情况者，须及时向文化部管理人员电话说明情况，可酌情处理。

5. 无故旷工

无故旷工一次者，口头警告，并扣 3 分；无故旷工二次者，书面检查，并扣 4 分；无故旷工三次者，扣 5 分，并报公司领导另行决定处理方案，直至开除。

（二）演出制度及考核细则

1. 所有演出工作人员必须按文化部管理人员的要求做好演出的一切准备工作，如有违反扣 1 分。

2. 禁止在表演场、后台等工作场所玩手机、打牌或其他棋牌活动，如有违反扣 2~5 分；屡教不改者，停止演出并作出书面检查。

3. 演出人员在演出中未经文化部管理人员批准，擅自调换演出位置扣 2 分；不化妆（妆面不干净）扣 2 分；不挽"苗鬏鬏"扣 3 分；着装不整齐扣 5 分；不会唱五首苗歌以上的扣 5 分。

4. 演出中，必须保持安静，严禁高声喧哗，禁止发生任何纠纷，如因此影响演出效果，扣 2~5 分；情节严重者，给予辞退。

5. 演出人员应尊重领导、管理人员及编导老师，切忌侮辱、顶撞，不服从管理工作和安排，恶意顶撞管理者扣 20 分，情节严重者停职检查至辞退。

6. 表演一个节目加 2 分，自编一个舞蹈并被采纳加 60 分。

三、本制度自颁布之日起执行，不完善之处由公司根据实际情况进行补充修改，公司对本制度具有最终解释权

四、其他

未尽事宜按公司有关制度执行。

（此文献资料由郎德文旅公司提供）

第六章
一份文明的村规民约

20世纪80年代初的农村急需一种与家庭联产承包责任制相适应的乡村治理模式进行公共管理，发端于广西北部的宜州地区的村民自发组织管理村庄公共事务的模式开始进入我国政府的政治视野。经过几年的试点和调研，《中华人民共和国村民委员会组织法》于1988年6月1日起试行，1998年11月4日正式施行，2010年10月28日又有修订。自该法颁布实行开始，我国通过法律手段，以村委会形式推行乡村治理的基层民主实践，开始了新一轮改变村庄治理的传统模式的尝试。我国的村委会制度在全国各地的农村已经日渐成熟，并开始发挥其公共管理职能，村委会发挥公共管理职能的重要手段之一就是村规民约的制定与执行。村规民约的内容主要涉及村风民俗、公共道德、社会治安等方面，其目的在于调整村落内部关系，维持村落秩序，维护村落的共同利益。村规民约在村落公共管理方面的重要作用已经得到肯定，因而很多学者提出的新农村建设的若干标准中都包括"一份文明进步的村规民约"或"村民自治章程和村规民约建设"的相关内容。郎德上寨景区33年的发展进程中，其有地方特色的村规民约发挥了重要作用。

一、郎德上寨村规民约的发展历史

（一）苗族传统的"榔规"与"议事规约"

包括郎德上寨在内的苗族聚居的雷山、台江、剑河、榕江、从江五县，位于清水江流域和都柳江流域之间，地处雷公山区和月亮山区。由于其特殊的地理环境，这里是贵州建省三百余年后才设立行政建制的地区，也包括了一部分发展滞后地区。清朝末期，在中央集权制度和苗族"议榔"制度的共同作用下，形成"榔社"的共同地缘关系，依然自成一体，共同管理，使苗族社会内部实现有机的运作。"议榔"是对苗语"勾夯"即盟誓会议的意译，它是苗族社会中一个寨或若干个寨集体会议或联合集议，制定共同遵守的某种公约的议会组织形式。这种共同制定的规范大家行为、共同管理地方的公约就是苗族所称的"榔规"。立榔规时，由榔头或精通乡规的理老、鬼师身着新装主持仪式，宰牛杀鸡，每人喝一口生鸡血酒，每家分一小块牛肉吃，表明每人都参与了榔规的盟誓，必须共同遵守。

还有的苗族地区将类似的这种形式叫作"栽岩""埋岩""栽岩议事""埋岩议事"等。凡举行会议而议决之事，都要"栽"或"埋"一块自然石，后来改为"立石碑"。一般来说，按照议事所涉区域而表现为四种形态：一是一个大寨的栽岩议事；二是几个小寨的联合栽岩议事；三是几个大寨的联合栽岩议事；四是片区间"耶吉兄"和"耶吉究"的联合栽岩议事。一般的程序是：由寨老或头人先念诵"议事词"，让大家知道历来的议事是鼓励什么，反对什么，也就是重申历届议事的宗旨；然后再讲述这次议事的目的，重申和补充历届"议事规约"，要大家更好地遵守；再后宣布违犯"议事规约"者的人名、案情，惩罚和处理的具体办法，并指示执行者办理；最后以吃稀饭和串串肉的形式，让此次议事的内容家喻户晓。"议事规约"的内容一般包括维护社会秩序，维护集市交易，维护婚姻、家庭，维护边界的安定团结等方面，以此达到"以草捆草""以柴捆柴"的治理目的。

从以上两种形式的苗族传统治理规范可以看出，"榔规"与"议事规约"都是现代村规民约的前身，也可以从一个侧面说明，苗族社会的自治是有历史传统的，现代社会的村规民约与历史上的治理规约一脉相承，它与苗族社会不是割裂的，进而也比较适合苗族社会的情况，能够体现村寨的特点，发挥民众的主观能动性和首创精神，苗族民众对其有一种天然的亲切感。

（二）旅游开发需要村规民约规范社会治安

20世纪80年代的郎德上寨苗族社会，传统的社会力量依旧发挥着强有力的作用，民族的风俗习惯、民间信仰以及榔规等约束体系都深深植根于村民们的心中，对村民们的行为和内心起着巨大的约束和规制作用。1987年，郎德上寨打开寨门搞起了民族旅游开发，村民们与外界社会的交流逐渐频繁，传统的规制力量已经无法满足新的社会关系对社会秩序的要求了。于是，由村两委和旅游接待小组开始牵头制定新的规则体系，实现对新出现的社会关系的调整。

在旅游开发的初期，为了约束在旅游开发过程中村民们的行为，村委会要求全村以户为单位签订《郎德上寨旅游工艺品销售秩序公约》和《郎德上寨旅游区卫生公约》，要求每一位参与旅游开发的村民都能够在自己的职责范围内遵守工艺品销售现场的秩序、维护好景区内的环境卫生。没有遵守规定的，按照公约的相关条款处罚。随着郎德旅游开发的持续火热，进入郎德参观旅游的游客越来越多，对新的社会关系进行规制的内容也越来越详细和丰富。修订后的公约不仅对村民在旅游开发中的行为提出了要求，还规定了旅游接待小组的工作人员的权利和义务，并且理顺了村民与游客之间的关系。

2001年，全体村民一致商议决定，郎德上寨的旅游接待施行分组承包管理制度，设立郎德上寨旅游管理委员会，设主任1名，下设6个工作职能组，旅游管理委员会主任在村委会主任的领导下开展工作，并对村委会主任负责；

村规民约展示（宋尧平供稿）

各职能小组组长在旅游管理委员会主任的领导下开展工作，并对管委会主任负责，签订责任状明确职责；各职能工作组的管理实行组长负责制，通过考核并报经村旅游管理委员会同意确定各组成员。这种分组承包管理制度，不仅明确了每个人在旅游接待中的职责，还建立起了自上而下和自下而上的监督管理体制，保障了公约在郎德上寨的有效实施。2008年，郎德上寨对公约进行了一次大的修订，其中新增加了有关旅游接待管理和卫生管理的规定，更加丰富和细化了公约的内容。

郎德上寨村规民约在2013年修订之后，其内容涉及基本生活秩序中的社会治安、环境卫生、防火交通安全、山林土地管理、田间养鱼和水资源保护、偷盗处罚、计划生育等，并结合本村的实际情况，制定了一些适合本村发展的规定。新版的村规民约将文物保护管理和旅游接待方面的内容删除了，并不是因为这些内容在村民的日常生活中不再重要，而是因为这已经成为村民的自觉行动，没有必要再次写入村规民约。

苗寨的村规民约的表现形式除成文的外，也包括不成文的。只是现在的村规民约多是成文的，在村委会、村干部及当地的老人协会手中保留，有的村寨把村规民约打印出来，发到每家每户，郎德上寨就是这样做的。但是据当地村民介绍，他们的村规民约"自祖辈以来就有，只是没有打印的文稿而已"。由此可知，如今村规民约的发展趋势正在逐步由不成文向成文转变。

二、村规民约对传统治安风险的调控

（一）关于偷盗的处罚规定

郎德上寨村规民约对偷盗的处罚比较严厉，正是因为如此，在苗族村寨很少发生偷盗事件。村规民约对偷盗的处罚主要如下：每偷别户一尾鱼，缴纳违约金30元，每次缴纳不低于100元（不管得与否）；凡是在行政村河流区域内炸鱼（含炸药、雷管、爆竹）、电鱼、闹（毒）鱼每次缴纳资源补偿费2000~5000元，并没收机子和所得的鱼。凡进到他人户内实施偷盗行为，不论得与否，须缴纳违约金500元；凡偷家畜、家禽按市场价的六倍缴纳违约金；凡偷他户中药材、水果、粮油、蔬菜等作物的按市场价六倍缴纳违约金；偷捞别户浮漂，每次缴纳违约金20元；偷电器、摩托车、胶轮车等按市场价十倍缴纳违约金。

（二）关于山林田土的规定

在素有"八山一水一分田"之说的黔东南地区，山林土地资源是比较匮乏的，这些又是当地群众生产生活最重要的基础，因而村规民约中对山林田土管理方面的规定就是必不可少的，也是有地方特点的。如对田边地角的规定，是对相邻田土一小部分所有权的划分，也就是对细微性利益的调整，田边土头的划分，田坎主上按水面11米，下按田基5.5米，田两头按水平线5.5米管理使用。同时，在田坎主上下，都属田主管理使用，在未分田到户前人家已经挖土耕种了的，土地由土主继续耕种，但不能在土四边栽树蓄草。如土地荒芜三年以上无耕种者，土属于田主所有，土主无权种树蓄草。对于坟山管理的规定主要有：坟山界线的划分，在原有老坟墓，按九脚掌丈量，山主和田主无权侵占；关于浆田坎用土，原已挖的场地，就在原地挖，但不能影响坟墓和田土。

村规民约中对违反山林田土管理规定的处罚如下：凡进入他人自留山、集体保管山砍柴，每挑缴纳违约金60元；偷扛他人堆草树，偷砍他人直径10厘米以下的松杉木，每根缴纳违约金50~300元；偷竹子的每根缴纳违约金30元；偷盗大径材、棺材木，按市价五倍罚款；偷割别人草、绿肥，每次缴纳违约金30元；偷拾干稻草一挑缴纳违约金100元；不许在他户保管山或集体公山内新开田土，若需要在集体山内开荒的需由村两委审批；偷开田水，无论时间长短，每次缴纳违约金100元，在枯水季节，轮流灌水时，故意偷用别人的田水，每次缴纳违约金100元，故意开水冲坏路、田等，除修复原状外，每次缴纳违约金100元；故意将石头或影响耕作的危险物抛入别人田中，除捡拾抛物外，每次缴纳违约金100元。

（三）关于环境卫生管理的规定

随着生活水平和人们环保意识的提高，郎德上寨越来越重视村寨的卫生状况，这种意识在旅游开发之后得到进一步加强。从一定意义上讲，环境卫生同样是进行旅游开发的前提之一。关于环境卫生方面在村规民约中有如下的一些规定：

（1）村庄道路分段保洁。老公路和寨门停车场由保洁员负责清扫，村步道和村内公共场所根据全体村民划定各户的责任范围由各户负责清扫，举家外出的农户可以委托相邻分段的农户进行清扫，回家后自己清扫。

（2）农户将生活垃圾每天早上八点以前或晚上八点以后投放到公路边的垃圾池或垃圾桶里，配合保洁员做好垃圾集中处理工作，不乱倒、乱扔、乱放垃圾，杜绝向水沟、河道、公共场所、空闲地等处抛弃垃圾，发现一次缴纳违约金50元。

（3）不准在公路两旁及村内公共场地堆放建筑材料和晒粪，发现一次缴纳违约金50元。建筑材料按指定地点堆放，并限期清运，逾期15天后视为无主材料进行处理。

（4）凡是办红白喜事农户，在办完事后必须及时清理干净燃放鞭炮、摆桌吃饭等产生的生活垃圾，不按要求清理缴纳300元罚款。

（5）村委会和村民代表成立环境卫生监督小组，负责督促检查各家各户及公共场所卫生情况，每季度不定期检查一次，对环境卫生较差的进行张榜公示，连续公示3次以上的缴纳违约金100元。

（6）凡是牲畜在村内主步道排泄的粪便由主人清理干净，不自觉清理的缴纳违约金30元。

在很多传统的村规民约中，对前述的"违约金"的表述都是"罚款"，这就涉及罚款的法律性质以及村民自治组织是否具有"罚款权"的问题，也正是由于这样一些问题，传统的村规民约被认为是"越权"行使本应由各级政府执法部门拥有的"行政处罚权"，从而游走在法律的边缘。郎德上寨的人认为，村规民约是全体村民的共同约定，违反规定的人侵犯了全寨人的公共利益，理应向其他村民支付"违约金"，这就有效地化解了"罚款"表述所带来的法律风险。

郎德上寨在《郎德上寨环境卫生管理办法（试行）》中还规定了村委会和村民代表成立环境卫生监督小组，负责督促检查保洁员责任区、公共场所卫生及各家各户环境卫生情况。环境卫生监督小组由村两委及村小组长组成，拥有环境卫生"处罚权"，对屡教不改或严重危害公共环境卫生的行为可以代表村集体做出"处罚"。将庭院内的环境卫生情况纳入年度"文明户"的考评范围，并作为对住户进行环卫评价的依据。除了制定有关村寨环境卫生保护的村规民约之外，郎德上寨还在村寨中举行卫生评比，检查评比由评比办公室负责组织落实，定期或者不定期地进行，每次检查评比得分在80分以下者扣发当月旅游接待工资20元。

郎德上寨不仅在村规民约中规定了有关保护环境卫生的具体规则和条款，还制定了监督保护环境卫生的实施细则即评比制度，这一系列的规定和配套措施在村寨的环境卫生保护方面扮演了重要的角色。

三、村规民约对新型治安风险的治理

自被确定为国家重点文物保护单位并且在 1987 年进行旅游开发以来，郎德上寨基层社会的治理出现了一些新的治理风险，主要体现在如何同时做好文物保护管理工作和旅游接待管理工作。

（一）关于文物保护的规定

郎德上寨的旅游开发依托的是苗族特色的民族文化和历史文化，因此对传统文化的保护是关系着郎德上寨旅游开发可持续性的重要保障。2008 年郎德上寨制定的村规民约，将文化保护管理作为一个章节单列出来，其中做了细致的规定，包括吊脚木楼建筑物、杨大六故居、杨大六风雨桥、花街路、寨门、水沟、水井、保护范围的风景树木等，这体现了郎德上寨全体村民对于传统文化和文物保护的重视。规约具体内容主要包括：

（1）关于保护原则的规定。郎德上寨村民要认识和正确处理经济建设、社会发展与文物保护的重要关系，确保本寨的历史文化风貌和自然风光的真实性、完整性。

（2）关于保护对象的规定。保护对象具体是各民居的吊脚木楼建筑物、杨大六故居、陈列室以及陈列的重要文物资料、杨大六风雨桥、花街路、寨门、水沟、水井、保护范围的风景树木等；构筑成古建筑群体的历史风貌与自然风光和民风民俗及其他依法应当保护的文物。

（3）关于新建房屋的规定。在郎德上寨重点保护区和一般保护区内不得修建新的以砖代木砌装木楼建筑物和与文物保护无关的建设工程。在本寨重点保护区和一般保护区内不得进行爆破钻探、挖掘等作业，不得建设污染文物及其环境的工程，因特殊需要进行的建设工程，必须事先征得国务院文物行政部门同意，由省人民政府批准。违反规约的视其情节严重情况予以警告，责令改正或限期恢复原状，赔偿损失，并处 500~1000 元的违约金，超出规约的，由相关部门追究其法律责任。

（4）关于禁止事项的规定。在郎德上寨重点保护区和一般保护区内禁止在文物、建筑物、构筑物、保护设施上张贴、涂写、刻画；不得采砂、采石、开荒、放牧、焚烧、野炊；不得设置广告，乱倒垃圾，不得进行其他损毁或者破坏文物、建筑物、构筑物以及环境风光的活动。违反规约的处以 50~500 元的违约金，违约金所得的 50% 奖励报案人，50% 上交村委会。

（5）关于奖励的规定。对郎德上寨长期关心维护和保护管理村寨文物建筑的并与损毁破坏村寨古建筑群文物等违法犯罪行为作坚决斗争的村民和个人给予支持奖励。每年奖励1~2人，奖金100~300元，视表现确定奖励数额，各村民组推荐、村民评议、村委会决定公示。

（二）关于旅游接待管理的规定

苗族同胞与游客在风雨桥同吃长桌宴（雷山县委宣传部供稿）

接待游客时，一般在歌舞表演结束后，妇女村民向游客兜售各种手工艺品。据寨民介绍，曾经有一段时间，妇女村民会蜂拥向游客兜售手工艺品，甚至因为抢占摊位而发生口角。这样，既扰乱了旅游的正常秩序，又破坏了郎德上寨的整体形象。后来，经村委会研究，在表演开始前，村委会给妇女们发放号码牌。这样，在歌舞表演结束后，妇女们会按照号码牌的顺序在各自的摊位等待游客们自己上前欣赏和购买。另外，一些更加细致而又具体的规定在2008年郎德上寨制定的村规民约中有记载，包括寨民接待游客的态度、穿戴、销售工艺品的要求和农家乐的食品安全问题。

2015年，郎德上寨在征集了村民意见的基础上，经过村两委连同旅游接待小组共同决定，修订了旅游工艺品销售公约，成功地化解了实践中发生的争抢游客的矛盾。更主要的是，在民族歌舞表演过程中，为了维持良好的现场秩序，不允许村民在整个表演期间出售工艺品，工艺品的出售必须在表演结束之后。

四、村规民约中的救济方式

（一）关于损害赔偿

郎德上寨村规民约对损害赔偿的规定主要集中在村民日常生活中经常出现的一些损害上面，主要包括：

（1）关于牲畜家禽损坏庄稼的规定。如损坏别人庄稼，则鸡、鸭、鹅的主人需每只每次缴纳违约金10元，猪、牛、羊的主人需每头缴纳违约金20元并赔偿损失。对进入种植区造成庄稼损失的，耕地主人不能伤害牲畜，但放牲畜家禽连续两次经警告和缴纳违约金后还继续放养为害的，耕地主人可以对牲畜家禽进行留置，超过3天不来处理的，耕地主人可进行处置；对寨子居住区内的零散农土，农土主人有义务用木栏围之以防牲畜家禽进入，但不能投毒危害牲畜家禽。

（2）凡是自家养狗，如果狗咬伤别人，一切后果由养狗主人负责。

（3）不经过村民委员会和镇政府批准，乱搭乱建，涉及违法用地和违法建设的，村两委组织人员会同有关部门对搭建物强制拆除，产生费用由搭建者负责。

（4）新开的耕地或宅基地，在三年内垮塌掩埋别人的田、土、房子、路等，由新开者撮除或砌护坎，如造成损失的按合理价款赔偿。

（二）关于处罚方式

村规民约作为基层村民组织实现自我管理、自我监督的一种普遍形式，它体现的并非一种对抗性关系，而是以契约的形式建立起来的约束关系，每个村民的行为都直接对村集体和每一位村民负责。在郎德上寨的村规民约中，对于各种违反村规民约的行为，对违约人的处罚方式有：违约金、赔礼道歉、没收违约所得等。其中，大多违约处罚都是以违约金的形式进行，对违约人所处的违约处罚一般情况下交到村委会用来进行全村公共事务的维护和管理，在特定的违约行为中，违约金的一部分要拿出来奖励举报人或报案人。另外，2013年修订的村规民约中，对"处罚事后处理"进行了单章详细的规定，其中规定：缴纳的违约金，受害人享受40%，检举人和捉拿人享受50%，处理单位享受10%。另外，凡是发生争议的案子，移交到村委会处理的，双方必须交受理费100元，如有一方不交受理费，此案不予受理，事后退还胜诉方受理费。但是在调研的过程中发现，处理村民之间的纠纷案件都是本着恢复社会关系的目的进行的，收取的案件受理费是作为对纠纷处理人员误工的一种补偿，或者是当作餐费，大家在饭桌上就把矛盾解决了。再者，村规民约中还规定了：对违约者除了违约处罚和采取强制措施以外，通过广播和张榜的方式通报其违约行为，对拒不缴纳违约金或缴款不足数的取消其所享受国家惠农政策的资格，村委会将限制为其提供诚信服务。

　　郎德上寨中，纠纷矛盾的解决渠道是多元并且层层递进的。发生在村民之间的矛盾，村民们首先会选择让家中的长辈或者寨老去帮助调解纠纷和矛盾，小的矛盾一般都会在长辈的调解下得到很好的解决。如果是寨老不能解决的矛盾，村民们会诉诸村委会求助解决。在郎德上寨，由于一直以来的团结和集体主义的思想，村委会的领导们在村民心目中的地位都是很高的，有从传统社会寨老的社会功能逐渐向村委会组织职能过渡的趋势，村民们信任村委会的领导，并且村委会的领导也都本着尽职尽责的心态为村民们尽心服务。如果还有村委会不能解决的矛盾，由当事人提出申请，经村委会介绍，请求郎德镇人民调解委员会派人到村子里面进行矛盾的处理，处理结果仍然由村委会负责监督执行。

　　现代社会管理体制，迫切要求加大社会参与力度，构建政府与社会合作、多元社会治理的新格局。党的十八届四中全会通过的《中共中央关于全面推进依法治国若干重大问题的决定》强调推进多层次多领域依法治理，提高社会治理法治化水平，深入推进基层组织和部门、行业等多领域依法治理，支持各类社会主体自我约束、自我管理，深化基层组织依法治理，并将村规民约、团体章程等也作为全面推进依法治国的重要抓手。习近平同志指出：社会治理的重心必须落实到城乡社区，社区服务和管理的能力强了，社会治理的基础也就实了。

　　2017年6月，中共中央和国务院发布的《关于加强和完善城乡社区治理的意见》也强调，推动各地立足自身资源禀赋、基础条件、人文特色等实际，确定加强和完善城乡社区治理的发展思路和推进策略，实现顶层设计和基层实践有机结合，加快形成既有共性又有特色的城乡社区治理模式。郎德上寨的村规民约体现的正是广大群众通过共同参与实现自我治理、自我服务、自我监督,并且注重共同团结、注重公平平等的实现,在搞旅游开发的同时保护和传承民族传统文化,真正起到了维护广大人民的利益,促进传统文化的继承与发展的作用,无疑对我国基层社会治理具有良好的借鉴意义和价值。

附录:郎德上寨村规民约

搞好社会治安综合治理和本寨古建筑群文物保护、管理和利用,是我村每一个村民的心愿,也是为了全村发展农业调整思路、搞活旅游业的开发,增加村民的经济收入,创造一个良好的社会稳定环境和生活秩序。依照《中华人民共和国宪法》和《中华人民共和国文物保护法》等有关法律、法规,本着自我完善、自我监督、自我管理的原则,经全体村民讨论,村党支部、村民委审核,特制定本约。

一、社会治安

1. 礼貌待人、讲究文明,不许污言诽谤他人,不准逛窜骂寨,若有此类人(事)发生,经教育和劝告不听者,发生一次罚款违者15元。

2. 严禁打架斗殴,自觉维护我村的好风气。各农户要管好自己家人,禁止行凶殴打他人的行为,若动手,按情节严重情况一次性处违者20元以上罚款。如果致使他人重伤需住院的,住院的医药费、生活营养费和误工费等由责任人全部负责;如触犯法律,超出本规约的,由相关部门追究其责任。

3. 防偷防盗,不论是本村人或外村(乡)人,凡是在本村境内作案偷盗农户或集体财产的,除归还财产外,另按所偷财产的市场价的十倍作处罚金罚款。

4. 尊老爱幼、创建文明家庭。如果有冷言冷语诽谤或打击报复他人的,违者除向受害人赔礼道歉外,一次性罚违者120元。

二、文物保护管理

1. 为了加强对本寨的文物保护管理和利用,保护祖先的历史文化遗产,根据《中华人民共和国文物保护法》和有关法律、法规规定,结合本寨实际,制定保护管理和利用措施。

2. 郎德上寨是全国重点文物保护单位,在本寨保护范围内游览、考察或者进行其他活动的机关、组织和个人应当遵守本寨村规民约。

3. 郎德上寨村民要认识和正确处理经济建设、社会发展与文物保护的关系，确保本寨的历史文化风貌和自然环境的真实性、完整性。本寨的基本建设、旅游发展必须遵守文物保护工作的方针，其活动不得对文物及其环境造成损害。每个村民都有保护管理本寨文物和维护荣誉的义务。

4. 郎德上寨的保护对象是：各民居的吊脚木楼建筑物、杨大六故居、陈列室文物陈列的重要资料等，杨大六风雨桥、花街路、寨门、水沟、水井，保护范围的风景树木等；构筑成古建筑群整体的历史风貌与自然环境和民风民俗及其他依法应当保护的文物。

5. 设置保护标志牌和保护范围界桩，其他单位和村民不得擅自移动和损毁。凡是破坏的给予50~500元处罚，罚款所得的50%作举报人奖金，50%上交村委会。超出本规约的，由执法部门追究其法律责任。

6. 郎德上寨重点保护区内和一般保护区内不得修建新的以砖代木砌装木楼建筑物和与文物保护无关的建设工程。在本寨重点保护区和一般保护区内不得进行爆破钻探、挖掘等作业，不得建设污染文物及其环境的工程，因特殊需要进行的建设工程，必须事先征得国务院文物行政部门同意，由省人民政府批准。违反本规约的视其情节予以警告，责令改正或限期恢复原状，赔偿损失，并处罚500元以上1000元以下的罚款，超出本规约的，由执法部门追究其法律责任。

7. 在郎德上寨重点保护区和一般保护区内禁止在文物、建筑物、构筑物、保护设施上张贴、涂写、刻画；不得采沙、采石、开荒、放牧、焚烧、野炊；不得设置广告、乱倒垃圾，不得进行其他损毁或者破坏文物、建筑物、构筑物以及环境风貌的活动。违反本约的处50~500元的罚款，罚款所得的50%奖励举报人，50%交村委会。

8. 在郎德上寨重点保护区和一般保护区内已修建的砖混结构房屋，破坏其原始风貌的建筑物、构筑物，已经与县文物行政管理部门签订限期整改的，要积极配合整改，不得以任何借口拒绝整改，不整改的要按照有关法律法规对其木楼砖混进行整改，由检查人员强行拆除整改，检查人员的误工费用，按当时市场工价由违规者当天支付。超出本规约的，由执法部门追究其法律责任。

9. 郎德上寨的居民户按照不改变原木楼和其他木结构建筑物的原则，对吊脚木楼、猪牛圈、厕所等已经损坏的，要及时修缮整改，其修缮材料必须是木材料，违反本规约的，检查人员强行拆除整改修缮，检查人员的误工费用，按当时市场工价由违规者当天支付。超出本规约的，由执法部门追究其法律责任。

10. 郎德上寨村民如需要在保护范围内起房建屋要请求上级文物部门，经批准同意后方可实施，且建房标准必须按本地建筑规格，三层吊脚楼最高限在9米以下。

11. 对郎德上寨长期关心维护和保护管理村寨文物建筑的并与损毁破坏本寨古建筑群文物等违法犯罪行为作坚决斗争的村民和个人给予支持奖励。每年奖励1~2人，奖金100~300元，视表现定额，各村民组推荐、村民评议、村委会决定公示。

三、旅游接待管理

1. 本寨系文物旅游景点，在接待游客时要热情、礼貌、自然大方、面带笑容、穿戴整洁，不做有损我寨公民形象的事。

2. 销售工艺品要做到买卖公平，游客付一分钱必须给一分货，不准出现游客多付钱，货主不退款或少退款的情况，违者一经发现罚款80元。

3. 不准拦路摆摊或围堵追踪游客强行兜售工艺品，违者每次罚款50元，如果造成游客跌倒或受伤、死亡，肇事者承担一切后果。

4. 不准将工艺品或衣物挂在游客身上强行出售或穿照，违者一经发现罚款50元。

5. 不准冒充村领导乱收游客费用或骗引到家中强行售货，违者每次罚款80元。

6. 经营农家乐的农户要做到食品卫生、设备安全，保障游客人身财产安全，否则造成一切后果由户主负责。

四、卫生管理

1. 凡是划分指定给各户负责的卫生区域，必须每天保持干净，垃圾一律收拾清扫到指定位置倒放，不准倒入排水沟或他人卫生区域，违者每次罚款50元。

2. 各户禽畜粪便、生活污水排放不准流入过道，违者责令限期整改，逾期不改罚款50元。

3. 房前屋后堆放柴火草药注意隐蔽，摆放整齐，不准堵路塞道，否则强行移除。

4. 寨内各条道路及公路沿线严禁晒粪，违者每次罚款50元。

5. 不准在公路沿线开新粪棚，乱砌堡坎等。

6. 寨内所有水井、防火池严禁洗涮拖把、衣物、尿布，不准向水井、防火池内丢弃石头、玻璃、柴草、动物尸体、脏物，违者每次罚款50元。

7. 违反以上条款，经检查人员指出后不整改或不及时清理，由检查组整改，其误工费按当时市场价格由违者当天支付。

五、防火安全

1. 防火安全、人人有责。为了做好防火安全工作，经研究，由村民委、青年团每季度检查一次。经检查发现农户的房前屋后、房内有危险和不卫生的，检查人员限期拆除，违户不按时间拆除的，由检查人员强行拆除，检查人员的误工费用，按当时市场价格由违者当天支付。

2. 郎德上寨发生火灾时，大家要集中精力到起火地点灭火，不准农户或个人以任何借口私自搬迁自己的东西。

3. 不准任何农户和个人在寨子的路坝附近、房前屋后堆放稻草、烧草灰和建窑烧炭，不听从劝告搬迁的，由本村、组强行拆除，并罚违者20元。如果违者以各种理由阻挡及有辱骂工作人员的行为，另加罚20元。

4. 凡不听教育或不注意造成发生火灾、火警的，不论大人、小孩所发生的农户除按防火安全条例处理外，还要按当地风俗习惯处理。

5. 不准在天气干燥的时候，在任何山林、田、土角的沿边等处烧杂物，需要烧的必须确保安全，不许火源越境导致山林火灾。如果形成火灾，所损失的一切树木及护林草山地等植被，除护林草损失需赔偿外，杉、松等树木每捆罚款5元，但杉、松树未满一捆的每棵罚30元，茶籽树等每亩罚120元，杂木、柴火每亩罚100元。

6. 防火池属于防火、养鱼两用，不论集体或个人承包，未经村委会许可，不准放水灌田或作其他使用。

六、林业

1. 经济林，包括田、土沿边及山林的桐子树，不论大小，不得乱砍滥伐，违者每棵罚300元。偷、捡桐子的，不论得多少，违者每次罚50元。

2. 砍伐竹子，包括田、土沿边外竹子，违者每根罚款10元（笋子在内）。

3. 水果类，包括山上的杨梅树、李子树等，凡是已结果子的，不得乱砍滥伐，所砍伐的果树达到一捆的，每棵罚款10元，一捆以上的树罚款100~200元。

4. 有目的地窜进他人自留山及保管山砍伐柴火的，被抓者，不论得柴多少，每次罚款50元。

5. 不准在他人的保管山偷砍杉、松及其他树，违者，杉木每捆罚款100元，松树和其他树种每捆罚50元。

6. 不准窜进他人的保管山上烧火或烧炭，违者每人每次罚款120元。

7. 偷杉木材每人每次罚款120元，并返还所偷木材。

8. 凡是本寨周围已明确的风景树及老景树，偷砍此类树者，处罚违者扫寨就餐一次（按实际人数每人0.5公斤米、0.5公斤肉、0.5公斤酒等计算数量）。

9. 本人出卖杉、松木的方子、木板、原木去外地的，必须经林业部门的同意和审批，未经同意和审批的，违者，小组及村委有权没收处理。过于严重的，交给县林业部门处理。

10. 以上1~9条罚款所得，20%交给报信人，20%交给处理人，留存10%，50%赔偿受害人。

七、农作物

1. 偷包谷者，每包罚款5元。

2. 偷南瓜者，每个罚款10元。

3. 偷茄子、辣椒、西红柿、红薯、洋芋、魔芋及豆类的，每公斤罚款20元。

4. 凡是偷吃他人果子（栗子、桃子、橘子、梨子、葡萄、柿子和杨梅等），梨子、橘子、桃子和柿子等每个罚款10元；栗子、葡萄等每公斤罚款20元。

5. 偷花生、地萝卜者每公斤罚款40元。

6. 偷烟叶（烤烟、中烟、生烟叶）者每公斤罚款20元。

7. 不准开他人田，不论是偷鱼或开田水，造成农作物受损的，每次罚违者500元，偷鱼的另加每条（尾）10元罚款。

8. 偷浮漂者，不论数量，每挑罚20元。

9. 偷白菜、青菜、莲花白等菜，除每次罚款30元外，另按每公斤计加罚2元。

10. 偷他人的轮流时间用水，每次罚款50元。

11. 开新田、土间隔未满三年而塌方下塌压他人的田、土或自己的责任承包田的，必须及时修复，根据他人庄稼情况赔偿一切损失。

12. 未经他人准许，不能放水去他人田、土及路面，造成破损的，罚违者每次 10 元，路面损坏的必须修复至好。

13. 偷开他人田水、田泥已有泄漏的，每次罚款 50 元。

八、畜牧类

1. 偷水牛、黄牛无论大小，按每头 4000 元的标准进行处罚。如果退还耕牛，则处罚 1500 元。

2. 偷狗每条（不管大小）罚款 400 元；退还的处罚款 100 元。

3. 偷猪每头（不论大小、肥瘦、公母）罚款 1000 元；退还的处罚款 200 元。

4. 偷鹅、鸭、鸡每只（不论大小）罚款 50 元；退还的处罚 5 元。

5. 窜进别人家偷盗者，按第一章第 3 款惩罚。

6. 不准放牛、羊、猪、鸡、鸭、鹅进他人田、土吃农作物，抓住视其主人态度，严重的给予经济惩罚，并赔偿损失。

7. 开春秧田或稻谷成熟期间，经群众认定日期，任何农户不得放自己的牲畜、家禽进他人的秧地田内和稻谷田边吃谷子，经劝告不听者，每次罚款 20 元，并赔偿一切损失。

8. 偷割他人的田、土沿边草木的，每次（不论数量）罚款 10 元。

9. 偷他人的稻草，按每捆 5 元处以罚款。

九、水产资源

1. 在我村地盘河域从河道口上至三岔口大桥报德田角下河域内两公里，严禁电击、放毒、爆炸、网捕、水上钓、竹具捞捕等手段打鱼，违者，除没收其作案工具外，按每次 100~1000 元对其进行罚款，罚款所得 50% 奖励报信和抓获者，50% 交村委会。备注：电击、放毒、爆炸罚 500~1000 元。

2. 凡在他人水田、鱼塘用电、网捕捞他人鱼类的，罚款按第九章第 1 条处理。

3. 任何人在本村田边摸七星鱼、黄鳝等鱼类的，按每次 200 元进行罚款。

4. 不准任何人在他人水田、水塘内钓七星鱼，违者每次罚款 5 元，如钓得鱼，每条罚款 10 元，破坏他人田沟的，罚款 50 元，并将其修复至好。

十、田边土角范围规定

1. 田边范围：田边上 10 米，田边下 5 米，如有相近的地形达不到规定的长度，按田下上边是1∶2进行划分，过界者按偷盗论处。

2. 土边范围：土边上5米，土边下5米，如有相近达不到规定长度，按土下上边土上2∶3，上下边足1∶3为界护管，违者按偷论处，

3. 坟墓范围：方围最多不得超过2米，违者按侵犯他人山林山地处理。

4. 路边范围：上边下边不得超过2米。

十一、附则

1. 本规约本村村民人人自觉遵守，违者按村规民约处理。

2. 本规约自宣布之日起执行生效

郎德上寨村民委员会
2008年1月1日

（附录资料由郎德上寨村主任陈尚福提供）

第七章
郎德上寨的振兴

自习近平总书记在党的十九大报告中首次提出实施乡村振兴战略后，2018年中央一号文件《关于实施乡村振兴战略的意见》提出了"产业兴旺、生态宜居、乡风文明、治理有效、生活富裕"的总体要求，为新时期农村经济社会发展确立了明确的目标准则。民族村寨作为极具少数民族文化符号特色的乡村聚落，浓缩着千百年来的乡土文明，承载着当代无数人的乡愁记忆。许多民族村寨至今仍保留着相对原始的景观风貌和习俗文化，拥有浓厚的文化旅游资源。在"三农"发展基本政策和相关原则不变的前提下，我国正在深化农村土地制度改革，培育农村发展新动能，加快产业融合发展，强化乡村治理体制创新，政策红利的不断释放为乡村旅游提供了绝佳的发展契机。因此，发展乡村旅游成为民族村寨实施乡村振兴战略的重要手段，并有望成为解决人民日益增长的美好生活需要和不平衡不充分的发展之间矛盾的有效路径。民族村寨旅游开发模式的不同选择，对落实乡村振兴战略有不同的实践效果。在乡村振兴战略背景下，探究旅游开发模式是如何演进以及采取何种模式来促进民族村寨可持续发展，成为新时期摆在人们面前的重要课题。

郎德苗寨位于贵州省雷山县郎德镇，在雷山县和凯里市之间的308省道旁，向南距雷山县城13公里，向北距凯里市区27公里，向东距西江千户苗寨18公里。郎德苗寨包括上郎德村和下郎德村，由上寨、下寨、包寨、岩寨、也公寨5个自然寨组成，在2015年整体开发之前，人们常说的郎德苗寨旅游主要是指郎德上寨。20世纪80年代，贵州省率先在全国开发少数民族村寨旅游时，郎德上寨就被列为贵州东线民族风情游的重点村寨。郎德下寨则是镇政府所在地。建寨有600多年历史的郎德上寨凭借

第七章　郎德上寨的振兴

保存完好的苗族文化资源和独特的社区治理模式，先后荣获"中国民间文化艺术之乡""全国重点文物保护单位""中国历史文化名村""中国景观村落""中国传统村落""中国少数民族特色村寨""奥运圣火走过的苗寨"等殊荣。郎德上寨的古建筑群和民族文化保存完好，经过了30多年的旅游开发，许多非物质文化遗产和传统习俗得到充分挖掘和活态传承，郎德上寨已成为我国民族旅游村寨的典范。自1987年旅游开发以来，郎德上寨一直延续以"工分制"为主的社区主导旅游发展模式，迟缓的旅游经济发展远未达到预期。2015年5月，雷山县政府开始对郎德苗寨进行二次开发，吸取了西江千户苗寨的旅游开发经验，发挥郎德上寨社区自治优势，推行政府引导的"公司制＋工分制"开发模式，郎德苗寨旅游发展得以涅槃重生，较好地实现了乡村振兴战略的总体要求。

一、社会：产业兴旺

转变了开发模式以后，郎德苗寨景区获得井喷式发展，旅游产业取代了传统农业成为郎德苗寨的主导产业。2017年5月1日，郎德苗寨景区经历为期两年的建设后正式对外营业，并于年底被评为国家4A级景区。2019年接待游客75.18万人次，旅游综合收入6.46亿元，同比增长1.17%和2.21%，而原有发展模式的30年里，游客量常年仅维持在数万到数十万的水平。

景区按照全域旅游发展理念，大力推动旅游业态升级和产业融合发展。手工业和服务业发展迅猛，以银饰刺绣为主的民族工艺品店从5户增加到64户，农家乐从12户增加到了60多户，民宿客栈也从10余户增加到40多户，苗族服饰出租与摄影店从6户增加至20多户。为满足郎德苗寨旅游发展的餐饮食品需求，传统农业逐渐向特色农业转型，郎德景区附近种植香菇2.8万棒、白玉木耳2万棒、蔬菜500余亩、精品水果200亩，养殖黑毛猪2000多头。这些绿色无公害的农产品供给景区，使游客大饱口福的同时，推动了乡村旅游业和特色农业的共同发展。

二、生态：生态宜居

2017年，郎德镇荣获"国家卫生乡镇"荣誉称号，这是对郎德景区生态环境和卫生文明工作的最高褒奖。雷山县长期以来坚守生态和发展两条底线,编制《郎德苗寨综合环境整治规划设计》,加强风貌整治和污水处理,建设了一批旅游公厕,确保生态基础设施完善。与大多乡村旅游地熙熙攘攘的喧嚣不同,郎德苗寨每天两场演出期间,全寨回荡着悠扬的铜鼓声和欢快的芦笙声,其他时间基本上保持往常的安静和惬意。前有风雨桥,后有护寨山,寨子周围云雾缭绕,草木葱茏,古树参天。寨前清澈的望丰河静静地流淌,时而闻见狗吠鸡啼,时而听到鸟语蝉鸣,人与自然一派祥和。在数百年历史的古建筑群里,巷道整洁,吊脚楼鳞次栉比,房前屋后空间布局井然有序。郎德苗寨身处苗岭腹地,冬无严寒夏无酷暑,空气负氧离子含量每立方厘米达5万个以上,周边不存在任何有污染的工业企业,是不折不扣的天然氧吧。村民至今仍保留着传统的耕种方式,游客可以享用到村民平时自给自足的原生态食材,吃得安心住得放心。郎德苗寨是文化体验、度假休闲、避暑养生的民族生态旅游胜地。

寨前小河静静地流淌(雷山县委宣传部供稿)

三、文化:乡风文明

早在1997年,郎德苗寨就因苗族歌舞而被文化部评为"中国民间文化艺术之乡",古朴的原生态苗族文化一直延续至今。经过二次开发以后,传统文化进一步被挖掘,也吸引了更多外出务工人员返乡投入到非物质文化遗产保护与传承的队伍。所有的村民仍保留苗族语言，身着苗族便装，节庆活动身穿苗族盛装。景区的民族歌舞表演队成员均来自郎德苗寨的村民，每天固定时间演出两场，除了旅游旺季加场以外，其他时间这些群众演员自由从事农事和家务。郎德苗寨的民族节庆繁多，服饰、农耕、饮食、婚嫁、祭祀等文化都浓缩在苗族节庆里，塑造出"百节之乡"的文化旅游品牌。例如代表农耕文化的吃新节，祭祀文化的13年为周期的鼓藏节和招龙节，一年一度的苗年节等等，基本上每个月都有重大的传统节庆。郎德苗寨至今保留特有的12道拦路酒的迎宾礼节以及斗牛、长桌宴、姑妈集体回娘家等传统活动。郎德苗寨村民民风淳朴，热情好客，旅游开发让当地村民摆脱了长期贫穷落后的自卑心理，充满自信和自豪感，对外来游客也抱有极大热情。郎德苗寨的苗族歌舞活动期间，居民参与和游客体验相结合，经常出现全民载歌载舞的盛况。

四、政治：治理有效

对郎德上寨实施二次开发以后，雷山县委县政府决定对原先的西江模式和郎德模式各取所长，将现代的公司治理和传统的社区自治相结合，推行政府引导的"公司制＋工分制"模式。各个主体各司其职，社区治理成效显著。首先，政府提供政策供给和规划指引。政府部门严格按照文物保护法对作为国家重点文物保护单位的郎德上寨核心景区进行全面保护。雷山县成立专门的郎德苗寨旅游开发建设指挥部，编制景区项目规划，全面提升景区的基础设施建设。镇政府则负责行使辖内的行政事务治理权。其次，西江旅游公司为郎德苗寨提升旅游专业治理能力。县政府控股的西江旅游公司具有强大的资本运营能力和丰富的旅游开发管理经验，除了提供资本投入以外，还解决郎德苗寨的脱贫攻坚、就业转移、产品开发、市场治理等发展难题。再次，成立了旅游专业合作社，延续原有"工分制"的社区主导模式，负责表演团队收益分配和社区内部的运作管理，有效提升居民参与积极性。同时，郎德村规民约还在社区自治中发挥着非正式制度的约束作用。另外，借助贵州省大数据迅猛发展的时代背景，郎德苗寨已经在消防减灾、交通、村落云等领域应用了大数据治理，有效提升了郎德苗寨的治理能力。

五、经济：生活富裕

郎德上寨四面群山环绕，村前是一条清澈见底的溪流，流入美丽的丹江。早些年间，郎德上寨并没有因为寨子的美丽而使大家变得富庶，却曾经因为贫穷而饿殍遍野，因此而与朝廷抗争，几乎导致家族灭绝。新中国成立后虽有所好转，但以农、林业为主的郎德上寨由于受地形狭窄、山高谷深、土少岩多、耕地有限等自然条件的限制，大部分村民仍然用"苦"和"穷"来描述旅游开发前的生活状况。上郎德村村民陈正国说："我们这里田少土少坡陡，生产困难。收成好的时候，100来户村民劳作一年，才勉强能填饱肚子，但是买盐、用油、电费等开支就要靠挖折耳根、林木收入来维持。当时把树木砍了，从这条河放到巴拉河，再从巴拉河到清水江，有木商来收，挣点油盐酱醋茶小钱，但是遇到天灾还是要饿肚子。"村民陈正州也说："以前家里靠种烟叶维持生活，一年下来往往连粮食都不够吃。""过去没改革之前太苦了，因为一条田只打30多公斤米，不够就吃红苕，玉米掺杂。"老支书陈正涛曾说，改革开放以前，甑子里的米饭，是给年幼的小孩和年长的老人吃的，时值壮年的他，就吃着包谷、红苕、洋芋拌几口米饭，还吃不饱。这里的老百姓和雷山所有苗寨的村民一样，渴望着有一天能有一甑子白生生的米饭。

秋实（李玉贵供稿）

除了农林业，郎德人旅游开发前的经济情况还可以从他们的财富象征，即银饰的拥有量来考察。白银是苗族财富的象征，历史上苗族常年迁徙，漂泊不定，他们习惯用白银装饰自己，喜欢把所有的财富戴在身上，人走则家随，以钱为饰保值财产。所以在郎德上寨，世代传习着一种习俗，将家中所有的财产都换成白花花的银子，投入熔炉，锻造成丝，编制成花，錾刻成衣。每逢苗年节，苗家女子盛装披银，项戴数个镂花银项圈，胸前配挂重大银锁，腕间携戴数对不同样式的银手镯，可见苗家人对于财产的概念都表现在拥有银饰的多少。即便是对银饰如此看重，在1987年刚刚开始民俗旅游开发时，郎德全寨98户人家却仅有18套盛装银饰。

经过30多年的旅游开发，随着新模式演进，郎德苗寨村民的生计方式多样化，生计能力水平得以大幅提高。当地村民可以通过多种方式融入到旅游发展中，分享旅游发展带来的红利。除了延续传统的农事收入以外，村民们作为群众演员参与演出可以获得"工分"收入，另外，表演队每个月还获得景区公司发放的10万元经费补贴，户均年增收超过8000元；贫困户通过利用"特惠贷"资金入股西江旅游公司，每年获得不低于7%的分红，户均分红3500元以上；郎德苗寨景区吸纳700多人就业创业，人均月收入2000元以上，带动40余户150余人脱贫。另外，通过供职于景区公司、发展特色农业、开办住宿餐饮业、制作销售手工艺品、租售门面等多种方式，村民普遍获得可观的收入。收入结构也从以往少量且不稳定的演出收入增加至目前的补贴奖励性收入、经营性收入、就业性收入以及资产性收入。全村群众都直接或间接参与到乡村旅游中，越来越多的外出务工人员返乡创业就业，充分享受旅游发展红利。

30多年来，郎德上寨发生的变化是巨大的，经济收入有了明显提高。郎德上寨乡村旅游收入源头主要分为3个方面：歌舞表演、土特产销售、农家乐式的家庭旅馆和农家特色饭菜。

原来以单一种植业为绝对主力的传统模式，现在逐渐转变成为以农家乐、旅游表演和以养猪、鸡、鱼为主的养殖业等多种经营活动相辅的新时期农村经济发展模式，以旅游业为龙头的第三产业收入成为农民增收的主要渠道，旅游业成了郎德上寨新的经济增长点。如今，村民们除了从表演中得到自己应得的一份收入外，善于经营的居民，还卖苗族银饰、服饰、刺绣等饰品，每月也有1000~2000元不等的收入。

发展旅游业30多年来，村寨与村民的收入得到大幅增长。在村寨总收入方面，1987年最初开放时的旅游总收入为5676元，而2014年的歌舞表演单项收入就达到171175元，呈现了大幅度的增长。此外，当地乡村旅游的收入有了大幅度的提高。2003年旅游收入仅占村民家庭收入的31%，而2008年已经高达50%以上。2015年，部分村民家庭收入的80%来源于乡村旅游。人均收入从1986年的不足300元，增加到2006年的3000余元，集体旅游收入从零增长到年均十余万元，村寨旅游接待收入逐年增长。1987年村旅游接待纯收入4000元；2003年19.89万元，户均收入968元；2005年47.10万元，户均收入2760元；2006年82.15万元，户均纯收入4814元。统计结果显示，1987年到2010年20多年间，郎德上寨村民平均经济收入由220元增加到2941元，旅游收入从0.7万元增加到280万元以上，平均每年增长150%以上。村里电视机由5台增至77台，缝纫机由20部增至97部，自行车由15辆增至62辆，手表由10余块增至400多块，银饰由18套增至120多套，平均每户一套，每套价值5000元以上。仅2015年"十一"黄金周，郎德上寨便接待游客8238人次，旅游综合收入700.23万元，同比分别增加20.23%、27.75%。目前，郎德上寨153户都参与到旅游接待中，有95户出售旅游工艺品，有几十户开设农家乐（政府认可的）。2015年，村民旅游收入占总收入的70%以上。2016年接待游客51.82万人次，旅游综合收入4.48亿元，同比增加35.41%和40.14%；2017年接待游客62.35万人次，旅游综合收入5.29亿元，同比增长20.32%和18.08%；2018年接待游客74.31万人次，旅游综合收入6.32亿元，同比增长19.18%和19.47%；2019年接待游客75.18万人次，旅游综合收入6.46亿元，同比增长1.17%和2.21%。2017年上郎德村农民人均可支配收入达10535元，超出全省8869元的平均水平；到2018年上郎德村农民人均可支配收入达11222元。在旅游产业发展带动下，促进了当地居民收入结构的改变，农民生活水平得到显著提高。

第八章
郎德上寨旅游开发模式的启示

1987年，正当我国现代化建设驶入快车道的时候，民族文物保护的一批有识之士，便以敏锐的目光，选定了郎德上寨，建设贵州首座民俗村寨博物馆。郎德上寨立体地全方位地保护苗族文化遗产，以独特的传统文化开放旅游，其经验是非常成功的。2001年，郎德上寨古建筑群被国务院公布为全国重点文物保护单位，郎德苗族文化保护进入了一个更高的层次。当今，世界已普遍认识到保护文化遗产多样性的意义，已有很多文化遗产的保护模式，诸如列入文化遗产名录、列入民族民间文化保护、公布为历史文化村镇、公布为民族保护村寨、建设生态博物馆，等等。不过，这都是近10年的事情。如果从最早文物调查算起，郎德文化保护已经进行了30多年。所以，郎德上寨文化保护不仅在贵州，在中国也是先行者。

旅游开发30多年来，郎德上寨的民族文化不但没有蜕变，反而得到了更好的保存与发展。村民通过保护民族村寨，开展文化旅游，感受到了民族文化的价值，更增强了民族认同感与自觉意识，欢歌笑语中奔上了脱贫致富的康庄大道。

那么，郎德上寨旅游开发模式给了我们什么启示呢？

一、关键是有民族魂

郎德上寨的历史文化、村寨建筑、民族风情、自然环境，都具有典型的苗族村寨特点。将其作为典型苗寨加以保护利用，有利于提高苗族人民的自豪感和郎德上寨的知名度，有利于增进世人对苗族文化的了解。

事实正是这样，郎德上寨苗族村民，以拥有山清水秀、竹木葱郁、吊脚木楼、华丽服饰、能歌善舞、热情好客的自然景观和民族风情而自豪。共同拥有自豪感，铸成民族凝聚力，这是郎德上寨的民族魂。凭借这个民族魂，强烈吸引大江南北和世界各地对苗族文化饶有兴趣的观众游人前来参观考察。郎德上寨苗族村民认为，凡是前来参观考察的观众游人都是他们的客人。热情待客是苗族村民的优良传统。客人参观考察郎德上寨，心中留下美好记忆，由此对苗族产生好感，村民感到自豪，认为自己为弘扬苗族文化作出了贡献。

村寨保护促进文化旅游，文化旅游促进经济发展，经济发展促进村寨保护。保护利用，协调发展，良性循环，相得益彰。为满足对外开放的需要，村民身着节日盛装隆重迎客；因为必须身着盛装，就得绣花、织带，传统工艺因此得以继承发展。本为自缝自穿的民族服饰，由于对外开放，萌发商品价值，而价值规律又反过来刺激传统工艺品增加数量、提高质量。许多妇女生产销售手工艺品，收入比农业生产还高。有条件的农户开设"农家乐""苗家乐"，接待观众游人。如今，表演苗族歌舞、出售手工艺品、开设食宿接待等的旅游收入，占全村年度总收入的一半以上。

因为对外开放的需要，人人都得会唱歌，会跳舞，会吹芦笙，会踩铜鼓。铜鼓曾被某些考古学家称为"死亡的青铜文化"，但在郎德上寨，铜鼓文化不仅依然存在，而且获得发展。作为郎德铜鼓文化活动重要场所的铜鼓坪，既古老又年轻。说其古老，是因为村民在铜鼓坪上踩铜鼓已有600多年的历史；但新铜鼓坪又是1986年为开展文化旅游的需要而修建的。村民别出心裁用鹅卵石仿照铜鼓纹饰铺设铜鼓坪，使其酷似一面硕大无比的"铜鼓"。这种艺术构思和建筑手法，是对铜鼓文化的一大发展。由于有了这样一个铜鼓坪，郎德上寨的铜鼓文化扬名中外，国内外许多影视单位竞相前往郎德上寨，以此铜鼓坪为场景摄制影视作品。从某种意义上说，郎德人为继承发展具有悠久历史的铜鼓文化作出了独特的贡献。

为满足客人的需要，苗族村民热情向客人敬酒、邀客人跳舞、陪客人照相、请客人吃饭、送客人礼品，为客人打"花猫"、拴彩带、挂彩蛋，展示苗家风情，使人感到，前来郎德上寨做客是非常快乐的事。在郎德上寨，客人玩得比主人还开心。宾主手拉着手，踏着鼓声的节拍，围着铜鼓柱转圈，共跳"莽筒芦笙铜鼓舞"，是最为激动人心的。客人争相与身着节日盛装的村民合影留念，并将合影带到大江南北、世界各地，有意无意地宣传了郎德。客观上，这是力度最大的宣传攻势，使郎德上寨闻名于世。"越是民族的,越是世界的。"郎德上寨开放式保护民族村寨的实践,充分证明这一颠扑不破的真理。

回首郎德上寨保护苗族文化的历程,让我们深刻领悟到:村民具有顽强的凝聚力,他们把保护历史文化遗产、向世人展示苗族文化,视为光荣使命,堪称郎德上寨的民族魂。

做好民族文化遗产保护利用工作,关键要有民族魂,这是珍贵的启示。

二、坚持保护与发展并重

有一位专家说:"世界上还没有一例开发旅游不破坏民族文化的,假若有,那简直是个奇迹。"在贵州黔东南州就有很多这样的奇迹。其中雷山郎德上寨就是这些奇迹中的典范。

1987年,雷山郎德上寨对外开放。这几十年来,郎德上寨采取有效措施,在保护民族文化遗产的前提下发展旅游业,并通过开展文化旅游促进民族文化的保护,使两者协调发展、相得益彰,成为乡村旅游开发与文化保护的成功实例。

郎德上寨文化保护与传承主要通过文物保护和"社区主导、全民参与"的民族村寨旅游两大途径进行。在实现村寨文化保护、继承和村寨旅游发展并行不悖的同时,也获得了良好的社会、经济和环境效益。

(一)文物保护和旅游发展的由来

郎德上寨的文物保护工作始于1984年,时任贵州省文化厅文物处处长的吴正光在考察中了解到该寨曾为清末苗族起义领袖杨大六抗清18年的根据地后,提出对郎德上寨的历史文化资源进行重点保护并筹划旅游发展事宜。1986年,郎德上寨被国家文物局列为全国第一座露天苗族风情博物馆,1987年郎德上寨作为黔东南民族风情旅游点率先对外开放,1997年被文化部授予"中国民间艺术之乡"称号,2001年被国务院确定为全国重点文物保护单位。其间,《郎德》《郎德苗寨博物馆》《郎德上寨的苗文化》《"郎德现象"的启示》等宣传保护郎德的著述相继问世。郎德上寨的文物保护工作在各级文保部门的关心和村民自发保护的努力中顺利进行。

1987年，时任郎德上寨村支书的陈正涛放弃收入较高的烟草种植项目，领导村民正式开展旅游接待。

村委会领导班子还发扬集体智慧，创造性地将人民公社中实行的工分制加以改造并应用到旅游发展中，逐步形成了独具郎德特色、当地社区主导、全民参与的民族村寨旅游业。

（二）郎德上寨文化保护与传承的主要内容

1. 物质文化

（1）郎德上寨古建筑群

作为苗族聚居的典型聚落，郎德上寨古建筑群堪称苗岭建筑的博物馆，2001年被列为全国重点文物保护单位。在对静态的古建筑实体保护的同时，也保护了苗族建筑文化、建房习俗和居住文化。不同于"苗山侗水"的"鱼住滩，人住湾""万马归槽"的人居选址偏好，依山就势、以铜鼓坪为中心的村寨布局，吊脚楼和"美人靠"为独特风格的建筑特色，以及选房基、选中柱、上大梁等建房习俗，均可在古建筑群中得到间接反映。

随着民族旅游的深入发展，古老的民居建筑还被视为民族旅游原生态的特征景观以及地方和民族文化的重要代表，日益受到游客青睐。由于文物保护法的约束，加之旅游发展需要和当地村民对村寨的热爱等因素，郎德古建筑群在旅游发展过程中获得了较好的保护。

（2）郎德上寨的苗族服饰

郎德上寨的苗族服饰多达二三十种，便装和盛装均为手工制作。服饰及其制作工艺随着30多年来的旅游发展得到了重视和强化，这不仅让苗族传统服饰成为郎德上寨苗族重要的民族表征，而且让民族服饰的制作工艺代代相传，得到了较好的保护和传承。

2. 民俗文化

除上述的苗族服饰制作工艺外，苗家12道拦路酒、芦笙、芒筒演奏艺术、苗族歌舞艺术在旅游发展中均被作为迎接游客的重要展示内容，得到了重点保护和继承。随着郎德上寨知名度的提升，有30人左右的青年男女常年被邀请到省外、国外表演传授苗族歌舞。另一方面，旅游城镇化也导致传统的苗族建筑日益减少，郎德上寨精通传统苗族建筑工艺的师傅也不断被邀请到雷山、凯里和贵阳制作传统苗族民居和家具,扩大了郎德上寨的苗族艺术文化的传播范围并造成深远的影响。

苗寨全景(赵萍秀供稿)

3. 制度文化

苗家乐作为郎德上寨旅游接待服务的主要形式,发展迅速。正是这种"住苗家楼、吃苗家饭、访苗家情"的苗家乐,为游客提供了接近和了解苗族的生活制度、家庭制度、村落社会制度的机会,郎德上寨也在展示苗族制度文化同时做到了保护和传承。同样,苗年、鼓藏节(牯脏节)等传统苗族节庆仪式也因经常在旅游接待中展示得以强化,并激起了郎德上寨村民强烈的民族文化自豪感,反过来进一步促进郎德上寨的村寨文化保护与继承。

郎德上寨的民族村寨文化之所以能够代代相传、时至今日保持民族传统特色,文物保护法、苗族惯例和工分制的作用功不可没。

(三)郎德上寨文化保护与传承的机制

郎德上寨民族村寨文化保护与传承的动力固然与苗族的生态伦理观念

有关，但起关键作用的是文物保护法的硬性规定和郎德特色的工分制。

一是文物保护法的相关规定对已纳入文物保护范围的古建筑群的刚性保护，对违背文物保护法的做法，村民们会及时反映到国务院。这种越级上报的情况是不多见的。

二是村委会和旅游小组两级管理机构和工分制管理制度在村寨文化保护和继承中起到关键作用。已有的关于郎德上寨的文献大都认为工分制和社区参与是郎德上寨文化和旅游持续发展的重要机制，这只是看到了表象。从本质上讲，郎德上寨的工分制重在提供了一种管理和利益协调机制，从而调动了全体村民的积极性，引发了一场全民参与的村寨文化保护与继承行动。正因如此，郎德上寨的旅游发展才能在村寨文化保护和继承的基础上实现健康、持续进行。

三是苗族惯例对本寨居民的约束，如有触犯则按照惯例惩罚。如"4个120"惩罚法（即罚120斤肉、120斤酒、120斤米、120斤菜）。

（四）工分制模式对传统文化的正效应

我们认为，以工分制为基础的全民社区参与旅游模式对郎德上寨传统文化传承与保护、拓展传统文化的生存空间都产生了更为积极的影响。

1. 促进了传统文化的传承与保护

美国旅游人类学研究者马康耐认为，现代社会由于种种原因，充满了"疏离"和"虚假"，真实已经不复存在，而现代社会的人对曾经所谓"自己的"工作、邻居、城市和家庭不再留恋，而是产生了对他者"现实生活"的兴趣。游客的旅游经历就是寻求存在于工作和日常生活之外的一种真实。

因此，民族文化真实性的完好保护是实现民族旅游可持续发展的重要保证。自20世纪80年代中期郎德上寨进行社区参与旅游开发以来，大部分村民就意识到保护其文化真实性的重要性。"人家从那么远的地方跑到我们这里来，还不是冲我们古老古代的风俗，如果这些东西没有了，人家肯定也就不来了。""这些东西（指本寨文化），是我们苗族老祖宗留下来的东西，要是保护不好，人家就不来了。"村民朴实的话语道出了自己对保护传统文化的意识。

由于社区全民参与旅游的存在，在郎德上寨的旅游开发过程中，人人都能受益。因此，每位村民都能自觉地对参与到对本村的文化保护中来。

第八章 郎德上寨旅游开发模式的启示

为了进一步加强本村文化保护措施，经过全体村民讨论，村里制定了《郎德上寨村规民约》(下称《民约》)，《民约》就文化保护规定了相应的保护措施。例如，《民约》规定，社区内的吊脚木楼建筑物、杨大六故居、民俗陈列室、杨大六桥、花街路、寨门、水沟、水井、风景树木等寨容寨貌景观都是村民必须要重点保护好的对象。如果这些设施出现人为损害，若被发现，责任人要受到50元以上500元以下处罚。同时，为了保护吊脚木楼的完整性，村里明文规定，在本寨内村民一般不得修建以砖代木的楼房，如想修建此类建筑，须到村里划定的区域内修建。因此在整个村寨中，人们不会看到任何一幢砖瓦建筑。

许多已被遗忘了的传统会因为偶然的因素而被激活。工分制社区旅游的存在不仅提高了郎德上寨村民对本村传统文化的保护热情，也使许多濒临失传、消亡的苗族传统习俗在郎德上寨苗族社区得到了再生，从而促进了本族传统文化的传承。

歌舞是苗族传统文化中的重要组成部分，但在现代化的过程中，由于年轻一代向往外部世界的繁华，在黔东南许多苗族社区，由于很多苗族青年外出务工赚钱，使得苗族歌舞处于半死不活的困境。但在郎德上寨苗族社区，由于社区参与旅游的存在，社区居民对苗族传统歌舞继承产生了很大的兴趣，和别的苗族村寨相比，这里的大部分男性青壮年都会吹芦笙，大部分妇女都会跳苗族歌舞。此外，为了鼓励本村儿童学习本寨民间歌舞，村里还制定了相关措施对之进行奖励，这极大地鼓舞了社区儿童对苗族歌舞传承的热情。

吊脚木楼在苗族传统文化中也很有特色，这种纯木结构的建筑，多以杉木为建筑材料，由苗族能工巧匠自己设计建造，不用一钉一铆，全靠木尖锁眼架牢，经得起风吹雨打，常年不坏，堪称苗族建筑的一朵奇葩。但随着外来文化的影响，在一些苗族社区中，开始出现了一些砖瓦楼房，虽然人们修建砖瓦楼房这一行为无可厚非，但"传统建筑的拆除和改变，会导致社区居民历史感的消逝及族群魅力的逐渐丧失，人们的生命记忆和族群文化认同会趋于淡漠，应有的民族自豪感也难以唤回"。旅游的存在，使郎德上寨苗族社区居民更加意识到传承吊脚木楼的重要性，当被问到"如果您想修建新房子，您会修建什么风格的住房"时，有80%的村民回答"修建吊脚木楼"，只有20%的人愿意"修建砖瓦楼房"。

社区参与旅游也让苗族民间传统工艺"后继有人"。郎德上寨153户人家中，有100余户参与了民族工艺品的销售，这些人家销售的工艺品虽然有部分是从附近的民族旅游工艺品市场采购来的，但也有织锦、绣片、银衣等部分工艺品出自当地妇女之手，随着旅游的发展，游客对此类的工艺品需求量很大，这刺激了郎德上寨妇女学习刺绣和制作银衣的积极性。

在调查的20位郎德上寨苗族妇女中，大部分都会刺绣和制作本族传统服装。

虽然她们制作工艺品的直接目的是为了旅游参与，为了赚钱，但在客观上却起到了恢复传统、维持传统的作用。

2. 拓展了民族传统文化的生存空间

在早期的旅游研究中，多数人类学家认为，民族文化旅游有着独特的特点，因而吸引了大量的游客，然而这些独特的民族文化往往也是最脆弱的，面对纷至沓来的游客，很容易出现文化商品化、异质化等消极现象，甚至最终会导致当地文化的消亡。

在郎德上寨的个案中，我们可以看到，旅游的存在不仅让文化传统不会轻易消失，而且还极大地拓展了民族文化的生存空间。

苗族服饰文化可以说是苗族传统文化的精髓，苗族服饰不仅种类繁多，而且工艺精湛，但就现在的情况来看，各地苗寨不管是苗族服饰的拥有量还是其使用频率，都在不断地萎缩，年轻一代缺乏穿戴苗族传统服饰的兴趣。在许多年轻人眼里，穿上这些古老样式的服装就意味着"落后"和"不时髦"，苗族传统服饰也因此沦为逢年过节的象征性穿戴。然而，在郎德上寨社区，正是旅游的存在，使我们看到苗族服饰的生存景况却与上述情形极为不同，在这里，你可以看到村民每天差不多有一半的时间穿着各式的本民族服装。诚然，有人会认为这种穿着有损于文化的真实性，但这里的苗族穿戴本民族服装的频率较高却是不争的事实。在村里刚开始接待旅游团队的1987年，全寨仅有18套银饰盛装，而如今拥有几百套，平均每户至少一套。村里女孩子，凡是能登场跳舞的都有银饰盛装，有的多达两到三套，连出嫁时的盛装都准备好了。更重要的是，以前无人问津的苗族传统服饰，在旅游的刺激下，其潜在的商品价值得到了凸现，我们就几次亲眼看到游客用很高的价格购买了传统的苗族服装。因此，"在对民族文化的开发利用中，人们既是在延续过去，又是在使过去在现在中得到显现，是在建立一种制度"。也"正是在制度化的运作过程中，民族文化中的物质、制度、观念文化才获得了一个能够继续发展的场所"。

（五）坚持保护与发展相结合，不断挖掘民族村寨文化资源

自郎德上寨启动二次旅游开发以来，坚持民族文化保护与旅游资源开发相结合，景区在旅游开发中注重民族文化传承保护与挖掘。在旅游开发的同时，对民族村寨民族文化和特色进一步挖掘，对主要旅游产品进一步包装和提升。一是加强对民族文化的挖掘和打造，让游客来到景区可以品尝苗家特色、原生态美食。休闲之余能够领略原生态的苗家文化，使游客在潜移默化中感受到少数民族的文化魅力。二是加强线路的主题文化包装。将扩宽延伸旅游线路，推出不同区域、不同文化的主题旅游线路。三是打造旅游文化节庆活动，将民俗文化融入旅游节庆活动中，举办了摄影展、艺术节、歌舞、美食等为主题的系列旅游文化节庆活动，将民族民俗文化深深地融入其中，突出民族性和世界性。

三、多元组合型开发模式更适合民族村寨旅游可持续发展需要

关于乡村旅游开发模式演进的理论研究主要有三个进路。其一，从时间上，学者们大多是基于当前乡村旅游发展的具体模式进行探究，从利益相关者视角出发，对政府主导、社区主导、多元主导等开发模式进行研究，对比分析各种发展模式所产生的绩效和问题，特别是聚焦于旅游精准扶贫绩效评估。也有学者从新制度经济学和博弈论的视角分析了乡村旅游开发的模式变迁，认为开发模式本质上是一种制度安排。其二，从空间上，由于资源条件、开发主体、政策环境等因素不同，旅游开发模式存在较大的空间差异。学者们的研究案例地从国外到国内，从都市到乡村。从最初分析国外乡村旅游发展经验启示，到国内传统开发模式的比较研究，再从城市郊区到古村落和民族村寨。其三，在驱动因素上，学者们对乡村旅游开发模式变迁及其内在动力研究较少，主要关注社会资本以及城镇化推动，也有学者逐渐将研究视角转向乡村振兴战略的政策因素。总之，已有的研究成果中尽管涉及不同类型的案例地，但更多的是静态地罗列和分析案例地在特定时期内的模式发展状况，或将几种模式简单进行横向比较，较少有从纵向动态分析旅游开发模式演进的内在机制，总结出模式演进路径的普遍性规律，对在乡村振兴战略背景下从模式演进的理论到应用

也较少予以深入研究。

（一）乡村旅游开发模式的演进机制

1. 乡村旅游开发模式的内涵及类型

所谓模式就是解决问题的方案，是值得深入研究的范例。乡村旅游开发模式是指乡村在旅游开发过程中形成的，在体制机制、组织结构、产品服务、管理方式等方面具有一定的特征。根据不同的资源特征、业态类型、发展阶段、驱动因素等划分依据，可以把乡村旅游开发模式划分为多种类型。按照资源类型划分，可以分为自然资源开发模式（如乡村地貌景观开发、乡村水域资源开发、乡村气候资源开发等）和人文资源开发模式（如人文景观旅游、民俗旅游、农事旅游、民宿旅游等）两大类；按照业态类型划分，可分为田园观光模式、休闲度假模式、民俗体验模式、康体养生模式、餐饮购物模式等；按发展成熟度划分，根据景区不同的生命周期，其组织形式的复杂程度也不同，可划分为自发无序型、单一主导型和多元组合型。乡村旅游开发要依托村庄静态的旅游资源和活态的人文环境，往往涉及居民、企业、政府、社会团体、集体合作社等多方利益主体，是多方权衡的动态过程和重复博弈的结果。本书所指的旅游开发模式主要是根据经营主体的不同来划分，相应的乡村旅游开发模式主要有社区主导型、政府主导型和企业主导型以及由以上的主体进行双重或多重互嵌的组合模式。

2. 乡村旅游开发模式的演进路径

乡村旅游开发是一项投资额度大、回收周期长、涉及人群广的长期工程，不同的开发模式所取得的绩效各不相同。当旧模式不再适应旅游发展需要，在资本、权利等要素驱动下，必然会衍生出新的模式进行优化和更替。乡村旅游开发模式演进存在不同主体以及多元主体组合中的相互转化。常见的演进路径有三种。第一，单一主体之间的转化。随着乡村旅游进入不同的发展阶段，其发展模式通常在社区主导型、政府主导型和企业团体主导型之间相互转化。一般在发展初期，更多的是实施社区主导或农户自发的开发模式，以休闲娱乐、农事体验等产品为主，进行相对粗放式的运营管理。企业和社会团体依靠雄厚的资本和专业的开发管理经验，收购旅游发展潜力较好的乡村旅游资源。政府掌握资源分配的话语权，可以

第八章 郎德上寨旅游开发模式的启示

优先进行前期开发或项目接管。第二，多元主体之间的转化。在多元主体的开发模式中，内部长期存在着复杂的博弈，主体单元的退出和进入无疑让原有的主体性质和组织结构发生相应变化，股东更替为开发团队注入新鲜力量，推动开发模式演进。不同主体具有不同的资本实力和开发理念，通过产权或经营权的让渡，各方的权力和利益得到重新配置。第三，单一主体向多元主体转化。当原有的开发主体在财力和管理水平等方面遇到瓶颈时，单一制模式会逐渐被股份制或共同参与的多元主体模式取代。随着PPP模式（政府和社会资本合作）的经验推广，有的乡村旅游项目也选择了公私合营的运作方式。一些社会团体的介入则为乡村合作社的转型升级增添力量。

苗寨农家乐（孙本灵供稿）

在农业强、农村美、农民富的目标使命下，乡村振兴战略推进产业化发展和绿色生态发展，依此改善农民人居环境，提升生活质量。乡村振兴战略赋予了农民主体地位，在乡村旅游开发中愈来愈强调社区的作用，倡导社区参与甚至社区主导，调动社区参与旅游发展的积极性，实现共建共享和互利共赢。然而，当前我国城乡二元结构依旧突出，特别是民族旅游村寨的社区发展能力较弱，单一主体主导的旅游发展模式很难在复杂环境中顺利实施，需要内生资源和外生力量进行共生共融。因此，在乡村振兴战略背景下，单一主体向多元主体转化符合当前乡村旅游发展趋势。

3. 乡村旅游开发模式演进的驱动因素

导致乡村旅游开发模式演进的因素较多，其中较为关键的因素体现在三个方面。其一，文化的内生驱动。乡土性是乡村旅游的本质特征和依托所在，乡土文化是乡村旅游发展的灵魂。文化特征类型和文化资源禀赋的不同，会造成旅游主题和开发模式有所差异，而且会随着文化再生产的过程进行相应变革。当原有的开发模式无法适应传统乡土文化的保护和传承，就需要新的开发模式加以协调和改进。同时，外来文化对当地文化造成一定程度的冲击，在碰撞和交融的过程中寻求平衡点，文化原生性和旅游商业化在不断地动态调试，催生旧的模式进行变革和演进。其二，经济的利益诉求。乡村旅游开发作为城镇化和产业化渗入农村的经济行为，在乡村融合市场的资源配置机制中，必然会随着资本投入而造成利益相关者的资源争夺和利益分配问题。经过资源重配之后，所有权和经营权的转移将会推动旅游开发模式演进。大多数市场主体以利益最大化为目的，作为理性经济人，为了自身或特定群体的利益而进行决策，选取最合适的开发模式。其三，制度的价值约束。制度是影响乡村旅游开发模式演进的关键外生因素。制度供给与制度需求的不均衡造成各方主体不同的制度诉求，从而影响开发理念和参与意愿。制度问题不仅包括正式制度的缺位、错位和越位，还包括非正式制度的一些歪风陋习以及正式制度与非正式制度的冲突。制度包括宏观上的施政纲领和微观上的社区治理体制，既可能发挥激励作用又可能起到约束效果，需要相应的模式加以完善。

（二）单一主导型旅游开发模式的实践困境

1. 社区主导型开发模式的困境

社区主导型的参与主体是以当地农户为主，无论是农户自发，还是由社区精英组成的合作社，在资本投入和开发理念上均存在着先天性不足。农户有限的原始资本积累难以支撑其做大做强，当项目发展达到一定的规模时，难免遭遇融资难的发展瓶颈，缺乏持续有效的资本投入。狭隘的小农思想使农户之间较容易出现无序竞争，通过粗放的营销方式争夺客源，而忽视产品和服务质量，甚至出现违搭乱建、违规摆摊等违法违规行为。合作社在一定程度上可以改善农户自发盲目性的竞争环境，对促进产业化发展起到积极作用。但是合作社的主要管理人员一般是由村干部、致富能人等乡村精英组成，这些群体主导着合作社管理决策和利润分配的话语权。合作社容易成为"精英俘获"的平台，或者成为资本下乡的工具，这些异化现象使合作社仅发挥形式上的公平正义，无法保障农户的根本利益。

2. 政府主导型开发模式的困境

在中国现行体制下,政府在产业发展和行政治理中扮演关键角色,政府依靠行政力量调配所有的发展要素,推动着我国社会经济取得突飞猛进的发展。无论哪一种模式都离不开政府作为行动主体的指导、支持和参与,只不过是程度的不同而已。政府和集体掌控着乡村旅游的资源所有权,因此旅游开发经营权通常由政府来处置。在政府主导型的模式中,旅游开发的负责人及管理团队一般由政府进行行政任免,重在考虑官员的行政级别而忽视业务能力。旅游管理者在行使公共权力过程中可能更加注重社会性而忽视经济性,导致国有资产闲置或浪费,甚至可能因为个人利益膨胀而出现"面子工程""政绩工程""数字工程"等。同时,因为监督考核机制尚不完善,可能出现慵政懒政怠政等不担当不作为的现象,致使开发效率不高,甚至导致干群关系恶化。另外,有的行政意见和决策不符合乡村旅游发展的客观实际,脱离群众,落地较难。

3. 企业主导型开发模式的困境

通过市场化资本的介入,现代企业破解了乡村旅游发展面临的资本短缺的最大瓶颈,也为乡村旅游带来先进的开发和运营管理经验。但是资本逐利的属性,令企业千方百计寻求经济利益最大化,现代化和商业化的进程难免会对乡村的传统文化造成一定的冲击。有些缺乏社会责任感的企业唯利是图,旅游开发价值理念扭曲,不尊重乡村居民和乡土文化,所开发的产品和业态与当地实际不兼容,破坏当地自然风貌和文化景观。农民是农村生产生活的缔造者和参与者,当企业主导的旅游开发中没能充分调动社区参与,农民的根本利益无法得到保障时,势必会激化当地居民与开发商的矛盾,造成不良的社会影响。有些企业借助乡村旅游扶贫等名义进行资本下乡,广泛囤积旅游资源,大肆圈地,恶意炒作地皮,大面积开发休闲康养的房地产项目,或变卖转让旅游开发经营权。

(三)多元组合型的影响作用——来自郎德上寨的实证

乡村旅游开发模式在社会经济发展的进程中不断嬗变,不同的主导模式进行相互转化和互嵌组合。

民族村寨是一个不同利益主体共同生产生活的空间环境,相比单一型主导开发模式存在的弊端，郎德上寨的发展历程证明，多元组合型开发模式更适合民族村寨旅游可持续发展需要。多元主体共同协作和相互制约，在共建共享中促进乡村振兴，保障各方参与主体的公平利益。在乡村振兴战略背景下，民族村寨在旅游开发模式演进中选择理想的模式组合时应进行以下几点考虑。

第一，秉持以人民为中心的基本原则，树立可持续发展理念。保障人与自然和谐共生、社会与经济协调共进，要充分尊重当地农民意愿。我国现阶段乡村旅游的核心矛盾依旧是"三农问题"，只有以农民为主体的内生力量支持，才能实现乡村旅游可持续发展。

第二，坚持动态保护和活态传承。对于民族传统村落和少数民族文化，切忌一刀切的不良行为，要在动态发展中实施保护，不能剥夺农民享受现代化发展的权利。在保护中寻求发展，采取因地制宜的发展模式才是保护传统民居和文化的长远之计。

第三，突出正式制度和非正式制度的协调作用。结合我国的具体国情，任何一种开发模式都有政府的直接主导或间接参与，村寨作为社会生活最基本的单元，应充分利用正式制度的刚性作用指导乡村旅游发展。同时，民族村寨拥有传统的民族习俗和村规民约，应充分利用这些非正式制度的柔性作用促进乡村旅游发展。

第九章
领导、专家学者、游客眼中的郎德上寨

郎德上寨是个深处苗岭腹地仅有百户左右人家的苗家小寨。由于早自元末明初建寨以来,村民即有朴素的环境保护意识,迄今森林覆盖率仍在75%以上,使安装有"美人靠"的吊脚木楼掩映在竹木葱茏之中。数百年

农耕生活(李玉贵供稿)

来,村民躬耕自食,传承远古遗风,沿袭秦汉习俗,盛行唐宋服饰,保留

明清建筑，宛如世外桃源。在改革开放大潮中，采纳有关部门建议，村民投资投劳，整治寨容寨貌，打开山门迎客，以其山清水秀的自然景色，鳞次栉比的吊脚木楼，饶有风趣的拦路敬酒，动人心弦的铜鼓芦笙，工艺精湛的盛装银饰，别具一格的苗族佳肴，吸引中外客人。自1987年对外开放以来，多位党和国家领导人及许多外国使节到此视察，留下了珍贵的足迹。

一、悄然成为教学科研基地

多年来，共有北京大学、清华大学、中国人民大学、中央民族大学、中央美术学院、北京旅游学院、北京服装学院、同济大学、南开大学、中山大学、日本福冈大学和法政大学、美国华盛顿大学、中国历史博物馆、中国社会科学院民族研究所、法国巴黎人类学博物馆等数十所名牌大学的师生和科研单位的专家学者5000多人到郎德上寨采风。郎德上寨在保护利用中悄然成为民族学、人类学、文化学、社会学、旅游学、摄影学等学科教学科研基地。中央民族大学法学院教授、博士生导师田艳，贵州师范学院地理与旅游学院教授、博士生导师陈志永，中国旅游研究院武汉分院教授、博士生导师舒伯阳，中南财经政法大学博士研究生张洪昌，贵州民族大学民族学与社会学学院教授、贵州省民间文艺家协会主席、硕士生导师李天翼等专家学者都把郎德上寨作为他们长期的研究基地。

二、领导专家学者交口称赞

看到郎德上寨苗族同胞卓有成效地保护自己的家园，时任文化部副部长郑欣淼异常兴奋。他考察郎德上寨后，写下了游记《郎德识苗》，全文如下：

分布在大半个中国的600来万苗族同胞，一多半生活在贵州高原；而在偌大的贵州，黔东南又是苗族长期生息，最为集中的聚居区。作为全国第一座体现苗族风情村寨博物馆的郎德上寨，就处在黔东南苗岭腹地。

这是六月初一个细雨绵绵的下午，我在杨副州长陪同下参观了郎德。郎德距黔东南苗族侗族自治州州府凯里仅27公里。车出凯里市区，眼前

第九章 领导、专家学者、游客眼中的郎德上寨

层峦叠嶂,流碧漾翠。山并不很高,从山腰俯视窗外,一层层像绿色地毯的梯田,告诉人们苗胞伺候庄稼的精细与辛劳。峰回路转,又是悦人耳目的江流、吊桥和悠悠挑担的苗族妇女,一派超然世外的田园风光。但是,路旁墙上石灰刷写的"红桃K生血剂忠告您:再贫不能贫血"醒目广告标语,则令人闻出浓烈的商战硝烟,也昭示着市场经济时代僻壤荒野与经济大潮的息息相关。

郎德上寨是明代洪武初年建立的,距今已有600多年历史。这个仅百户人家的村寨,背山面水,依山就势建房。富有郎德特色的曲栏回廊吊脚木楼,从山脚修到山腰,鳞次栉比,错落有致。歇山顶屋面,覆盖小青瓦,在扶疏的竹木掩映下,显示着古朴、典雅的风致。山坡上的枫木树是不能砍伐的"保寨树",它的繁茂枝叶透露着远古时代的信息。

客人进寨,最隆重的仪式是敬"拦路酒",以"阻拦"客人进寨的方式迎接客人,可谓别出心裁。从寨脚公路到寨门有12道迎客酒卡,迤逦而上,每道酒卡中间摆一张方桌,两旁站着身着盛装、提壶端酒的苗族妇女,最后一道是进寨门,寨门是座小巧玲珑的木楼,一把特制的水牛角杯满盛着主人的殷殷情意悬在门楼上。瞧这架势,使我在激动、好奇之余,又不由得心怵,好在杨副州长是苗族,金针巧度,嘱我无论如何不要用手接杯,嘴唇抿一抿就行了。当然对于已经对外开放10多年的郎德人来说,这只是个仪式,或者说是个表演,目的是让客人领略苗家风情,点到为止,决不勉强,似乎未费太大周折,我就斩关夺隘,顺利进了村寨。

12道拦路酒礼仪(雷山县委宣传部供稿)

参观郎德,重头戏无疑是观看铜鼓坪上的歌舞了。苗族是能歌善舞的民族,逢年过节,村民身着盛装,男女老少围成一圈,踏着铜鼓声的节拍起舞,叫作"踩铜鼓",踩铜鼓的地方称为"铜鼓坪"。郎德人用鹅卵石仿

铜鼓鼓面纹饰而镶嵌，形如一面巨大的铜鼓，鼓坪上的每条光芒、每圈图案，都以大小相当的鹅卵石镶成村民称作"鱼骨头"的"人"字纹，给这个面积不算大的场所添了几分古拙情趣。节目不少，印象最深的是芦笙舞与姑娘头上的银饰。像马头琴之于蒙古族、冬不拉之于哈萨克族一样，芦笙是苗族最有代表性的乐器，芦笙舞当然也是最拿手的舞蹈。芦笙有大有小，以大号笙为轴心，其余依次靠右排列，由最小的一支开头领奏，然后全部齐奏，围绕大笙旋转起舞；姑娘们则排列环绕在芦笙队外，踏着芦笙的拍节翩翩起舞，芦笙不只以声娱人，而且演奏的过程就是生动的表演，芦笙声随着演奏者的扭转俯仰，忽疾、忽徐、忽低、忽昂，令人耳目应接不暇。盛装的苗女，最惹人注目的是精美绝伦的银头饰，那巨大的银角、银扇、银坠、银锁、银梳，头上恰似一座银山，加上鲜艳多姿的服装，显得华丽、高雅。而当姑娘们迈出轻盈的舞姿，只见头部叮铃作响，银光闪闪，使人几至眼花缭乱，无怪有人说苗女是最爱美的人，也是最会打扮的人。

　　压轴的节目是主客载歌载舞，一同尽兴。在这热情如火的村寨里，在这欢乐无羁的气氛感染下，连我这样的舞盲也一扫拘谨，似乎心有灵犀，居然可以款款随众起舞，其实在这样的场合，也不讲什么步法，只要扭扭腰，跟大流就行了，歌舞表演时，观者如堵，有老有幼，不下二百人。

　　最后的集体舞刚散，只见一位村干部给每个围观者发了一张票。问旁人，说凭此票去领今天的报酬。每场演出费400元，表演者、组织者加上观众，平均分配，今天参加分配的约250人，也就是说，人均还不足2元。演员与观众同酬，这在改革开放20年后的中国，不啻是一件大新闻。看到我大惑不解的样子，杨副州长作了解释：欢歌妙舞是苗胞天性，大多都能登台，人们把表演看成是抒发至性、展现自我的机会，并不觉得自己出了多大力，有什么特别了不起，反而认为旁观者既是欣赏，又是助兴，可造成一种强烈的欢庆气氛，他们的作用同样不能小觑。杨副州长承认，这也有传统的平均主义思想的影响。这件事引起我的思考，在市场经济之风遍吹天涯海角的今天，郎德的做法显然不合时宜，很容易被指斥为"大锅饭"，但事情是否就非此即彼，如此简单？世代人厮守在一个村寨，互帮互助的传统观念牢牢地凝聚着人心，淳朴的人际关系如山野清风一般可人。郎德当然也要发展市场经济，但是经济的发展是否必然要以世情的浇漓，人际的冷暖为代价？被寨民所恪守的认为是先人留下的美德，难道都是落后的，都应弃之如敝屣？其实这也不能说明郎德人不重视商品经济，我们在村寨参观时，就有不少尾随客人兜售刺绣、芦笙、银饰的妇女。我想，他们似乎在极力扞护一种维系整个村寨的精神力量，很难说他们的做法是对或者不对，他们的心灵深处在时代潮流鼓荡下肯定有强烈的震撼、巨大的冲突，我们最好不要说三道四，应该尊重他们的选择。如果仅通过上述事例，得出郎德人似乎是一成不变的认识，那就大谬不然了。

　　当我参观了村寨办的陈列展览，对一些情况有较多的了解后，惊诧郎德变化之巨，是超出人们想象的。民族村寨是民族文化的原生地，保护民族村寨是保护民族文化的关键环节，80年代初，贵州省文物工作者就产生将一批典型的村寨立体保护起来的设想，郎德以其特有的优势而首获膺选。在文物部门支持下，整治一新的郎德于1987年对外开放。"打开山门迎远客，走出山门闯世界"，沉睡多年的苗寨成为贵州乃至全国展示苗族文化的亮丽窗口。拓宽山路，修建引水池，接收卫星电视，建立学校，接待30多个国家和地区的中外游客50多万人次，人均收入从1987年的250元增加到1997年的1500元。

　　如果说这些都是实实在在，看得见、摸得着的变化，那么一些风俗习惯的变迁就是深层次的变化。在我们刚才观看的歌舞中，有一个节目叫"游方"，游方是黔东南苗族青年谈情说爱的专用名词，几乎每个村寨都有固定的"游方坡"，有的地方在白天游方，有的则在晚间进行，这是青年人的伊甸园，目的是让双方有机会见面，互赠信物，选择终身伴侣。但我了解到，这种代代相传的恋爱方式日渐衰落，乃至名存实亡。原因很多，最主要的是苗族地区政治、经济、文化以及人们价值观念发生了重大变化，加上苗族山寨与社会大舞台相连通，青年男女不满足于现状，走南闯北，纷纷出外打工，也有了更为方便的交际方式，游方坡这个古老交谊场所的栅栏，便自然被现代文明的潮流所冲破。这是文化的变迁，也是影响最为深刻的变化，"游方"之类习俗的式微乃至消亡可以说是一种前进。

　　郎德上寨只是在接待游客时，才把自己这些特有的习俗进行展示，这就较好地发挥了保存民族传统文化的作用。郎德实际上是一个自然村寨博物馆，展厅就是整个村寨，展品既有民居建筑，又有生活习俗、歌舞、服饰等。我冒着细雨在石块铺成的人字形小路上穿楼串户，看到郎德人引为自豪的吊脚楼保护得很好。10年间新修的20多栋民居，不仅在整体布局上风格谐和，而且每栋建筑物的式样也严格遵循统一要求，村寨与青山绿水浑然一体。这种卓有成效的保护使我受到了鼓舞，但在老支书家的见闻又使我有了某种隐忧。老支书姓陈，刚才还穿着深黑色的盛装，作为苗族受人尊敬的长者陪我看演出，现在则换上了便服。他的儿媳曾为我们表演，此刻正忙着刺绣，看她样子似乎面熟，聊了几句，才知去年"中国旅游年"的宣传画，其中表现民族风情的一幅，是个头上高耸银角、打扮得花团锦簇的女子，那就是她。能上画当然算得上女中貂蝉，她个儿不算高，面如满月，俊俏中透着苗家女固有的淳朴。话题从她手中的刺绣拉起，她从里屋拿出一件披肩样的绣品，说这是她家传了6代的东西，至今她也不会这种技法，她不无忧虑地说，现在年轻人不热心服饰制作，传统技艺在不少地方已后继无人，加上外国人来苗寨高价购买服饰，好东西越来越少了。她的话令我们陷入了沉思，苗族服饰是苗胞追念祖先和历史，顽强保持民族特性的标志，被称为"穿在身上的图腾""记在衣上的史诗"，这些纷繁多彩、令人叹为观止的服饰，展现了制作者们非凡的想象力和艺术创造性，有着独特的价值和永恒的魅力。曾是苗家女看家本领的服饰制作，今天却面临极大挑战，社会发展和观念变革使许多苗族小姑娘耐不下心来学习那些复杂的技艺，也无暇花费数年去精心织绣一套盛装，现代文明的冲击，审美意识的改变，也使相当一部分青年改了装。商业利益驱使下生产的新服装，虽然还保留着基本的民间工艺，但与传统的家庭手工制作则相去甚远。老建筑通过维修可以保持原样，风习即使改变了也可表演出来，服饰工艺消失了则徒唤奈何。传统的苗族服饰艺术是否会消亡？恐怕很难说，这也不是一个村寨博物馆所能解决的，而是给所有民族传统文化保护者提出的值得认真研究的大问题。

参观杨大六故居，使我对苗族历史有了更多了解，对郎德也更增添了一份崇敬。在黔东南州民族博物馆，当听到蚩尤是苗人祖先的介绍时，我曾吃了一惊，蚩尤与黄帝战于涿鹿，失败被杀，这可以说是耳熟能详的故事。我以前总认为这只是传说，对蚩尤是否存在持怀疑态度，现在想来，既然认为黄帝确有其人，那么凭什么说蚩尤是子虚乌有？《山海经·大荒南经》有"蚩尤所弃其桎梏，是为枫木"的传说，黔东南苗族古歌中有一首《枫木歌》，说苗族祖先是枫木所生，认为"枫神"即蚩尤，枫木树之所以被敬奉为"保寨树"，其源盖出于此。苗族人民较普遍地将蚩尤视为自己的先祖，看来并非无稽之谈。苗族是中国历史悠久的古老民族之一，有关记载甚多，作为古代九黎族首领的蚩尤，战败被杀后，九黎族势力大衰，但还据有长江中下游一带广阔地区，后形成了新的部落联盟"三苗"，曾和尧、舜、禹为首的部落联盟进行过长期的斗争。以后由于战争和其他政治原因，苗族在历史上有过十分频繁的大迁徙，先是由北而南，而后

第九章　领导、专家学者、游客眼中的郎德上寨

由东向西，这种迁徙构成了苗族悲壮历史的重要部分，给其后人留下了吟咏不断的传说和故事，黔东南苗族古歌中的《跋山涉水》篇就以很长的篇幅，叙述了他们祖先南渡和西进充满艰难的历史进程。

苗胞又是反抗性很强的民族，苗族人民反压迫、反剥削的斗争，史不绝书。元明清时期，他们的起义抗争起伏不断。清咸丰五年（1855年），郎德杨大六率苗民起义，并携手张秀眉抗清，前后浴血奋战18年，同治十三年（1874年）失败，命终于长沙。当时寨子被官兵烧毁，全村214人，被杀得尸骸遍野，十室九空，殆无孑遗。

杨大六本名陈腊略，据说他在一次战斗中骁勇异常，吓得清兵惊问："他是谁？"但听苗民称赞道："羊打罗！"苗语"羊打罗"意为"勇敢极了"，清兵误以为叫"杨大六"。郎德人深知个中缘由，但很愿意将勇猛无比的先人称为"杨大六"。郎德尚有杨大六的故居，屋内陈列着当年起义者用过的枪炮弓弩；寨上有当年杨大六修筑的碉堡、防线、弹药库等，遗址历历，供游人凭吊。谁能想到，在这充满诗情画意的僻野山村，曾经刀光剑影，有过如此悲烈的一页，但这毕竟都是历史了，今天，郎德人与全体苗胞一样，沐浴在社会主义祖国大家庭的春风里，其乐也融融。

半天的访问，自以为对苗胞有了一些认识，但也深知了解得很肤浅，当我挥手告别郎德时，只见望丰河水仍然悠悠地流着，风雨桥如磐石般横跨在河上，竹筒水车在咿咿哑哑地唱着歌，我想，只有郎德人更明白那水车唱的是什么。

1998年8月，《郎德开放成就展》在贵州省博物馆展出。国家文物局博物馆司致函祝贺："苗寨郎德，是在改革开放中，积极探索利用和保护民族村寨，大力发掘民俗资源，弘扬优秀民族文化传统的成功实例。为更好地总结郎德经验，进一步研究郎德现象，贯彻'保护为主，抢救第一'的方针和'有效保护，合理利用，加强管理'的指导思想，举办《郎德开放成就展》是很有意义的。我们衷心希望贵州省全体文博工作者，发扬光大郎德经验，为弘扬中华民族优秀文化传统，促进社会主义物质文明和精神文明建设而不断努力，并取得更加卓越的成就。"时任文化部部长孙家正在参观《郎德开放成就展》时强调："通过文物保护开展文化扶贫很有贵州特点。随着社会的发展，民族服饰、生活用具、生活习惯逐步现代化，在此过程中，原地保护民族文物，并做到保护恢复与协调发展相统一很不容易。郎德的经验在于抢救保护了民族文物并使之更加优美和完善，

这种经验值得很好推广。"

池塘（李玉贵供稿）

著名民族学家、中央民族大学教授林耀华为《贵州系列博物馆》书稿作序，谈及郎德苗族村寨博物馆时说："贵州的民族村寨博物馆本身就是一种类型的文化村。它是典型的文化村，但不是'模型'，而是'实地'。真实的地点，真实的人物，真实的生活，真实的风情。贵州建立实地文化村的经验是弥足珍贵的，他们开拓性的历史功绩已经立下了中国民族文化村的里程碑。"

中国文物学会原会长、国家文物局原副局长彭卿云为《郎德上寨的苗文化》书稿作序时说："郎德上寨的成功先例，在拓开人们眼界和思路，扩展文物保护新对象、新品类、新领域等方面所发挥的示范和推动作用日见显著，令人鼓舞。保护、研究、宣传、展示郎德及其成功之路，仍然是当今的重要任务。"

贵州省文物局原局长侯天佑在《"郎德现象"的启示》一文提出："郎德立体地全方位地保护苗族文化遗产、以独具特色的传统文化开放旅游，其经验是非常成功的。2001年，郎德上寨古建筑群，被国务院公布为全国重点文物保护单位，郎德苗族文化保护进入了一个更高境界。当今，世界已普遍认识到保护文化遗产多样性的意义，已有很多文化遗产的保护模

第九章　领导、专家学者、游客眼中的郎德上寨

式,诸如列入文化遗产名录、列入民族民间文化保护、公布为历史文化村镇、公布为民族保护村寨、建设为生态博物馆,等等。不过,这都是近10年的事情。如果从最早的文化调查算起,郎德苗族文化保护已进行了整整20年。所以,郎德不仅在贵州,在中国也是先行者。"

郎德上寨文化价值的发现者、开拓者、学者吴正光先生2007年1月10日在《理论与当代》发表题为《郎德——文化保护与旅游开发的成功实例》一文称赞郎德上寨是文化保护与旅游开发的成功实例。全文如下:

据说一位资深国际旅游学家认为:"世界上还没有一例开发旅游不破坏民族文化的,假若有,那简直是个奇迹。"大概基于这种认识,由众多权威人士共同提出的《贵州省旅游发展总体规划》在论及文化保护与旅游开发的关系时写道:"以民族寨为代表的文化遗产正遭遇不可挽回的破坏和面临消亡的危险,除非采取保护它们的行动。"如此尖锐地提出问题,的确令人深思,应当引以为戒,力避在旅游开发中破坏民族文化。不过,采取有效措施,在保护民族文化遗产的前提下发展旅游业,并通过开展文化旅游促进民族文化的保护,使两者协调发展、相得益彰的成功实例,在贵州是真实存在的,那便是黔东南苗族侗族自治州雷山县郎德上寨。

深居于苗岭腹地的苗寨郎德分为上下两个自然寨,作为"露天苗族风情博物馆"对外开放的郎德上寨,现有100多户,500多人。村民背山面水落寨,依山就势建房,鳞次栉比的吊脚楼从山脚修到山腰。楼上安装"美人靠",具有典型的苗族民居风格。寨后古木参天,一派郁郁葱葱。这些不能砍伐的"保寨树",保留了远古时代的遗风。寨内条条小路,全以鹅卵石铺成"鱼骨形"。一条叫"望丰河"的小溪呈S形从寨前流过,溪畔数十架竹筒水车日夜唱着苗乡的古歌。郎德上寨是清代咸丰、同治年间苗族农民起义将领杨大六的故乡,当年用以抗清自卫的围墙、战壕、隘门等战斗遗址迄今犹存。该寨于1987年正式对外开放,20年来已接待来自全国各地和30多个国家及地区的中外宾客百余万人。最近几年的旅游收入均占全村年度总收入的三成以上。村民通过开展民族文化旅游走上了脱贫致富的康庄大道,粮食产量人均500多公斤,经济收入人均3000多元。

衡量民族文化是否因为对外开放遭到破坏,可从自然生态与文化生态两个方面来审视。郎德上寨,早自元末明初建寨以来,村民即有保护自然环境的优良传统,其森林覆盖率一直保持在75%以上。为切实有效地保护村寨环境,早就订有乡规民约。在申报全国重点文物保护单位过程中,

又确切划定保护范围,经过村民讨论,一致决定,在绝对保护区内严禁挖山采石、毁林开荒、建窑烧炭、狩猎打鸟、毒鱼炸鱼。寨内民居及附属建筑,统统列为保护对象,严禁滥拆乱建,并明确规定不得在保护范围内修建与原有木结构吊脚楼不相协调的砖房或洋楼。对外开放以来,生活普遍提高,陆续修建新房,但就是没有一栋砖房或洋楼,全寨100多户,仍然清一色的木结构吊脚楼。更不大兴土木,刻意修建什么"接待站""陈列室""资料中心"之类"洋"设施,随意改变村寨原有格局。

随着时代的变化,农村不断出现砖房和洋楼,即便是作为"生态博物馆"对外开放的某些名气很大的民族村寨也不例外。为什么独独郎德上寨可以避免?这与该寨的旅游管理关系极大。与许多对外开放的民族村寨不同,郎德上寨的旅游开发是全民性的,并非由有关部门或村寨领导圈定表演人员和接待农户,而是人人都可以参加表演,户户都可以接待游客。因此,人人都能通过文化旅游受益,家家都可通过旅游接待获利。凡是到过郎德上寨参观、旅游的人都知道,进寨时有12道拦路酒迎接,进寨后在铜鼓坪上观赏歌舞表演,并与身着民族服装的全体村民共跳芒筒芦笙铜鼓舞,最后还可随便登上吊脚楼参观,在格外亲切的气氛中选购民族民间工艺品。在拦路迎客和歌舞表演中,人人都是"演员",个个都能受益。利益大小,略有区别,以"工分"表示。例如,身着盛装、拦路敬酒、吹笙唱歌并在铜鼓坪上表演多个节目者,每场大概可得12分;身着便装、拦路迎客并在铜鼓坪上表演多个节目者大概可得10分;身着盛装、拦路迎客只在铜鼓坪上共跳芒筒芦笙铜鼓舞者(多为老妇),大概可得8分;身着便装、拦路迎客只在铜鼓坪上共跳芒筒芦笙铜鼓舞者(多为男童),大概可得6分;主任、支书等村干部的待遇视其所扮角色而定,绝无半点特殊。据称每场可获接待费400元左右,扣除15%的公共留存,每个工分一般可分得0.15元,多时可达0.2元。平均按10分计算,每场每人可分到1.5至2元。一般两天接待一批客人,有时一天接待两三个团队,平均每天不少于一批。综合统计,每家每天可获六七元至十多元。加上出售手工艺品,收入还算可观。有些能歌善舞、心灵手巧的村姑,仅旅游收入一项,一年能挣三四千元。

由于身着节日服装、表演民族歌舞接待中外客人可获现金收入,人人都体会到,做好民族村寨保护工作,可补农业生产之不足。如今"吃饭靠农业,花钱靠旅游",已成郎德上寨的共识。实践证明,拥有精美的节日服装并擅长歌舞表演,经济收入颇丰,故孩子们从小就十分努力学唱歌、学跳舞、学吹芦笙、学"踩铜鼓"。女孩子特别热心学绣花，以便能有一身好衣服、一套好手艺。在郎德上寨，对外开放不仅没有造成民族文化"不可挽回的破坏和面临消亡的危险"，反而刺激民族文化更加繁荣昌盛。开始接待旅游团队的1987年，全寨仅有18套盛装银饰，而如今拥有120多套，平均每户至少一套。女孩子，凡是能够登场跳舞的都有盛装银饰，有的多至两三套，连成年时期的盛装都备齐了。至于男童唱苗歌、吹芦笙，更是无人不通、无所不能。有的男青年还被外省请去表演、教授苗族歌舞，每月收入上千元。全寨每年都有二三十人在全国各地从事此类活动，每人半年收入五六千元。这从一个侧面说明，旅游开发促进了民族文化的保护、发展与繁荣。

妇女们欣喜地发现，利用业余时间制作工艺品也可赚钱，而且工艺越高，赚得越多。因此，提高编织、刺绣等技艺成了她们争相努力的方向。与附近那些未对外开放的苗寨相比，郎德上寨妇女们的工艺水平普遍高得多。由外寨嫁到郎德上寨的媳妇们，受到旅游环境的熏陶，手艺迅速提高。由此可以看出，旅游开发有利于弘扬民族文化，传统文化必须随着时代的发展而发展才能具有生命力。新时代为民族文化的发展提供了极好的机遇，文化旅游在弘扬民族文化中发挥了积极的作用，这是有目共睹、有口皆碑的。

旅游对郎德上寨固然十分重要，但无论如何，郎德上寨毕竟是个以农为本的自然寨，村民主要从事农业生产，旅游永远只是副业。农忙季节，若有客来，多由老人及儿童接待，主要劳力依然上山干活。好在田地距离寨子都不远，聚散较为方便，一般都能做到生产、接待两不误。身着节日盛装，露天表演歌舞，花上两个钟头才挣到一块多钱，收入够低的了。但郎德村民并不在意，他们认为："脚杆不出门，看到天下人"，有客总比无客好。与附近苗寨相比，对外开放的郎德上寨，不仅生活水平提高了，文化水平也提高了。文化水平的提高，有利于提高保护民族文化的自觉性。郎德上寨尝到了保护民族村寨、开展文化旅游的甜头，从而大大提高了促进两者良性循环的自觉性。随着旅游业的蓬勃发展，郎德上寨的自然环境越来越美，民族风情越来越浓，民间工艺越来越精。若要总结文化保护与旅游开发协调发展的经验，郎德上寨是个好地方。

2013年3月22日，一位叫巴娄的学者在《中国文物报》发表了一篇题为《在保护中传承——展望郎德上寨古建筑群》的文章，肯定郎德上寨保护与开发的成功经验。全文如下：

建筑是历史的产物，毋庸置疑会随着时代的发展而发展、随着社会的变化而变化，企图使其一成不变，永远保持"原汁原味"是不可能的，也没有必要将民族村寨永远"定格"在某个社会历史发展阶段上。

但是，作为全国重点文物保护单位，"贵州郎德上寨古建筑群"的建筑环境、建筑用材、建筑形制、建筑工艺、建筑功能、建筑习俗，是应当在时代发展中得到保护和传承的。如果村民想用现代材料修建现代建筑，必须在"文物保护范围"和"建设控制地带"之外。不能在重点保护范围内、建设控制地带上修建与传统木结构吊脚楼建筑不协调的砖房和洋楼，也不能用现代建筑材料对木结构吊脚楼建筑进行外装修，这是在申报全国重点文物保护单位时，全体村民共同制订的《乡规民约》中所确定的，不会有人执意违背。村中的文物保护小组、村民委员会、所在乡镇党政领导和上级文物主管部门也会随时督促检查。至于吊脚楼的内部装修和房间中的家具陈设，在确保建筑风貌不受扰乱的前提下，允许按照现代生活的需要，尊重村民自己的意愿有所改变。譬如，在室内安装电灯、电话、电扇，摆放音响、电脑、电视机，放置饮水机、热水瓶、电饭锅等。但仍提倡沿袭传统装修和固有陈设。譬如，张贴"保爷"，安装"燕窝"，种植"花树""花竹"，安插"口嘴标"，摆放织布机，悬挂画眉笼，晾晒捕鱼网等。上级文物部门和村中文物保护小组鼓励村民将废弃不用但有文化、文物价值的民俗用品，集中放在由旧仓库改建的"民俗文物陈列室"内展出。

国保单位附近的苗族村寨利用现代材料修建现代建筑，无可非议。木结构建筑的木材用量大，且不利于防火，苗族村民想要改变居住条件，尝试修建现代建筑，很好理解，不应指责。至于有些苗族村寨，尤其是一些刻意"打造"的旅游景点，修建的"民族建筑"经过"穿衣戴帽"，看上去也颇像木结构吊脚楼。即便是货真价实的木结构吊脚楼，为了经济上的需要，面阔很宽，进深很深，高度很高，体量很大，装修豪华，张灯结彩，其主要目的是用于开设餐馆、旅店，或出租给外地人经营外地出产的旅游商品，并非作为民居使用。如此"苗族村寨"，究竟可不可取，能够"繁荣"多久，尽可见仁见智。

以历史发展的眼光展望郎德上寨，我们敢于断言，要想真切了解苗岭山区的建筑文化，尽情领略苗岭山区的苗族风情，郎德上寨古建筑群是个理想而且长盛不衰的地方，尽管它没有人为"打造"的某些苗寨热闹。

郎德上寨苗族村民不仅自觉保护原有传统建筑，即使在村寨附近新修

第九章　领导、专家学者、游客眼中的郎德上寨

房屋，也仍然是木结构吊脚楼。他们认为，既然被认定为全国重点文物保护单位，说明是全国典型代表，不仅代表苗族村寨，还代表中华文化。能够成为这样的代表，是件很光荣的事情，必须珍惜这个崇高的荣誉。此乃说明，郎德上寨的传统建筑，在社会发展中得到了自觉保护和传承。

贵州日报当代融媒体资深记者许邵庭从2009年以后每年都会用相机记录郎德上寨和这里的人们。他在《行走传统村落：郎德苗寨10年之变》一文写出自己深深的感悟。全文如下：

文芬的一天是从清晨6点钟开始的，她的家位于这座小村寨一隅，取名"田园农家"。这些年，一到七八月份旅游旺季，文芬家里几乎天天客满。一大早，她就要下地摘菜、养鸡喂猪，很多时候还要帮客人指路，为他们介绍这个小村。

文芬家客厅装修得很有格调，落地窗面朝田园、满眼都是绿。我和她坐在窗前，她一边缝布鞋，一边和我聊天。

"这房子是2011年建好的吧？"我说。

"是呀，你怎么知道呢？"文芬一脸诧异。

回忆像是汽车后镜里的公路，显得绵长又悠远。时间回到2009年5月，我第一次来到这个离凯里只有40分钟车程的村寨——郎德上寨。绿油油的稻田、清澈的河水、转动的水车……小村就静卧在这一方山水间。

寨子不大，小而精致。2008年北京奥运会圣火从这里走过，郎德也因此更添名气。那时，在这里遇见了雾裹雾的清晨，体验了午后阳光下的水中嬉戏，也在午夜的河岸边用车灯照明聊天……

我不知道现代传媒的介入究竟能直接为郎德带来什么？但在我的观察中，这座村寨经历喧嚣后，更多的时间里依然保持着安详与宁静。是啊，千百年来，村里人一代又一代在这里繁衍生息、安静生活，仿若世外桃源——时间突然变得没有意义。

郎德似乎有着一种特别的魔力。之后的很多年，我每年都会用相机记录这个村寨和这里的人们。文芬在2011年第一次出现在我的镜头中。

那时她提着装满手工品的竹篮沿着小路叫卖，苗绣的钱包、杯垫、苗银、花腰带……装得满满的。买不买没有关系，凡是有人问路，文芬都很热情地回答。末了，她还是会很害羞地问一句："老板，要不要买点绣片？"

讲述这段回忆，文芬哈哈大笑。"我已经不出去卖东西了，现在搞农

家乐，生意好很多呢。"

2011年我在郎德上寨时，文芬的"田园农家"还在搭建中，提篮小卖是她主要的经济来源。

"现在一年有多少收入呢？"我问。山里人日子过得悠闲，不乐于算账。"整个没有算过，但是7月和8月两个月总收入有15至16万元。"文芬说起这个数字，看得出很开心。

"除去成本呢？"我又问。"也没有算过，其实也没有什么成本，好多客人来吃饭，都是吃我自己种的菜、养的鸡、做的腊肉。"

2013年文芬第二次出现在我的镜头中。那时"田园农家"的房间一晚30元。说起这个价格，文芬又笑起来。"现在住不到了，最便宜一个床位都要50元，最贵的房间218元。"她思索了一下，"你来住我可以给你优惠点。"

窗外，天空蔚蓝。照片定格的永远是此刻。与文芬告别，我向寨子深处走去。

文芬家门口可以远远看到寨子，中间隔着一大片稻田，金黄色的水稻被阳光涂抹得特别艳丽。煽情地点开播放器中的《苏幕遮·碧云天》，没有相思泪，只是觉得特应景。

文人总爱吟秋。古往今来，文人们关于秋的词句或多或少都有些悲凉色彩。"碧云天，黄叶地，秋色连波，波上寒烟翠……"到了最后也还是要落到"酒入愁肠，化作相思泪"上。

而贵州的秋对我而言，要用颜色来表述其实就是金黄色和红色。在广袤的农村大地上，随处可见金色的稻谷和成熟的辣椒。黄与红，相互搭配，组成一种炙热的色彩组合，充满着莫可名状的想象力，透露出一种浪漫的色彩。

这种浪漫如镜头推移一般，不一会儿又转换到我眼前。那一面，寨子里人们正在晒谷子和辣椒，这一头，信步在我前面的一对情侣，他们手牵手平行地走着，在小村的石阶上窃窃私语。这浪漫的一幕，被我用视频记录下来。很巧的是，当我把它剪辑后发布在微博上后，这条微博被这对来自成都的情侣发现了。

9月的郎德上寨已经没有旅游旺季时的喧嚣。寨子里，海兰大姐的生意也显得有些冷清。她在自家房子的一楼卖蜡染、苗绣和银饰。我在她的店铺里淘了一张蜡染方桌布，280元，讨价还价，200元成交。

10年前，她家的生意一般，如今女儿有了自己的工作室。说起店里的这些"宝贝"，海兰大姐很老道地说："民族的就是世界的嘛。"突然觉得这小寨子地方不大，人们的视野还挺国际的。

这种感觉在我临走时又得到印证。我对大姐说："再见咯。"她很娴熟地对我挥挥手说"bye-bye！"，然后露出很灿烂的笑容。

一路走，路过芦笙场，路过小池塘，路过苗寨村民的居所。提篮小卖的姑娘出现了，仿佛就像8年前的文芬大姐。她看着我手上拿着的蜡染，害羞地问我："要不要看看苗绣？"然后把我带到屋后的一个角落，那是她的小摊，那些精美的绣片搭在摊子上，在阳光下闪着光。

我没有挑选到合适的，姑娘有些失望。我安慰她，会推荐别人来买的。然后她很开心地笑着说："没事没事，下次再来。"

远处的风雨桥上响起芦笙。我有些惊喜，远远望着、静静听着。芦笙的声音突然停了，而摩托车发动机的声音渐渐清晰，随后便是一辆摩托从远处蜿蜒的公路滑翔而过……

这道摩托车掠过的弧线，让我突然想起诗人北岛的一段话：时间不是直线，它甚于迷宫，如果紧贴墙上某个地方，你会听到匆忙的脚步和语音，你会听到自己从墙的另一边走过。

10年，于这个村寨，于我本人意味着什么？想起文芬大姐生活的变化，体会到自己心境的变化。

离开郎德的车上，耳机里响起朴树的《且听风吟》，朴树轻轻地唱着：昨天已经去得很远，我的窗前已模糊一片……

翻出2013年写于郎德的那篇叫《向往》的日志，那时我这样写道：

走夜路的时候，仰望不到星辰，只能望见寨中零星的点点灯火。柏油马路将寨子与河道分割开，行走中，眼里印着少许微光，潺潺流水声时刻萦绕耳畔。站在风雨桥上，可以看见河岸上集结的几批背包客和疏疏落落的帐篷，车灯打光作篝火，照亮了一张张年轻、晃动的脸……这是2013年10月第二天的郎德上寨……所有的怀念和想起，都是心中对美好的向往……汽车在马路上晃来晃去，耳机里的朴树还在吟唱着：咿呀，咿呀，只有待风将她埋葬……

这样晃着晃着，终于晃出了眼泪。

贵州师范学院地理与旅游学院教授、博士生导师陈志永长期把郎德上寨作为研究点。他的题为《贵州郎德苗寨10年跟踪研究的心得与体会》的文章，写出了郎德上寨具有的独特研究价值。全文如下：

郎德苗寨是我国较早实施旅游开发的少数民族村寨，自1986年旅游开发启动以来，一直将"所有人为村寨的建设和保护出过力，应该家家受益"的核心原则延续至今，村民在旅游决策与管理、经营与接待以及社区文化资源、环境保护中居于主导地位。其全民参与、自组织管理、以工分制为典型特征的组织结构与制度安排，被称为"郎德模式"。作为我国民族旅游村寨自组织管理的典型代表，"郎德模式"在国内民族村寨旅游开发中独树一帜，对民族贫困地区文化旅游资源富集区探索内源式旅游发展有着积极的实践借鉴意义。自2007年以来，作者领衔的贵州师范学院区域旅游研究所研究团队将郎德苗寨作为长期观测的样本地，进行了长达10年的追踪研究，经历将村落田野民族志对现有理论或"模式"展开验证性研究的初级阶段，与现有理论进行对话和打补丁的过渡阶段以及最终源自经验材料基础上形成原创性学术研究和命题提出的当前阶段等三个阶段。以下介绍近10年跟踪研究的心得与体会，求教于同行。

第一阶段：2008年至2012年（套用西方理论诠释村落旅游现象）

2007年，笔者有幸申请获得第一项与社区旅游相关的国家社科基金项目。为顺利完成项目，选择将郎德苗寨作为经典个案展开社区旅游相关研究。研究中发现，郎德苗寨与天龙屯堡两地因核心力量导向与组织结构差异使得旅游开发各具特色，颇具典型性。因此，对两种不同旅游开发模式进行比较研究。之后的深入田野发现，郎德苗寨社区居民参与旅游发展中存在"搭便车"行为，由此以《郎德苗寨社区主导旅游发展中的个人理性与集体行动的困境》作为论文选题，撰写发表。2012年，在已有研究的基础上，团队成员从组织和制度理论视角出发，借鉴斯彻文思构建的包含政治、经济、心理、社会4个维度在内的旅游增权框架模式，通过分析贵州郎德苗寨旅游开发背景下社区组织的演进与制度构建过程，诠释社区增权的路径和模式。最终成果《郎德苗寨社区旅游：组织演进、制度建构及其增权意义》一文发表于国内旅游类权威刊物《旅游学刊》(2013年第6期)。

这一阶段虽发表了数篇论文，研究成果质量逐渐上升，在业内产生了一定的影响。但不难发现，此阶段社区旅游研究缺陷较为明显：首先，理论主要来自经济学、管理学学科，研究视角单一。其次，从问题意识来看，已发表的论文几乎从已有的成果和文献中寻找问题意识，带着理论的有色眼镜到田野点寻找素材，借以论证西方理论的合理性并尽可能与西方理论对话。这样的研究范式导致只能在现有的理论框架下讨论社区旅游的表象问题，无法对社区旅游事项背后的逻辑进行追问。不仅如此，为论证西方理论的合理性，需要主观性地切割村落内部的结构性要素为研究服务，使得研究缺乏整体观而显得支离破碎。最后，研究方法上，因单一的学科取向和强调宏观研究范式导致研究中更多采用由外而内的"鸟瞰式的视角"观测旅游发展中的事项而不是从"蚯蚓式的视角"出发，深入至村落内部就经验材料之间的内在逻辑关联与演化特征展开研究。

第二阶段：2013年至2015年（对话与打补丁阶段）

笔者前期以郎德苗寨为依托展开的村落旅游研究增强了团队社区旅游研究的信心，逐渐引起同行专家关注。但接下来的一次郎德之行让我对社区旅游研究的激情与信心滑入低谷。2014年我带着家人进入郎德苗寨，正好遇到村民以"12道拦路敬酒"仪式迎接到访游客。爱人当时问我，这拦路敬酒仪式为什么不设置11道或13道，恰恰是12道呢？这问题把我问住了。这让我感觉到多年来所做的以村落为载体的旅游研究，实际上是建立在脱离村落内部历史文化和社会结构基础上而展开的村落旅游研究，深感遗憾的同时也感到有必要对村落内部的结构性要素展开追问。随后，我们邀请贵州省著名的苗学专家为我们解读苗族文化，讲座中专家希望旅游管理学科青年学者到少数民族地区做学问应该通过方法创新与范式转换研究少数民族文化，否则与民族文化的本质与内在的演化逻辑有较大的出入，甚至出现令人啼笑皆非的结论。

为使以村落为载体的旅游研究具备对社会文化的学术支撑，2014年6月笔者申请获得国家社科基金重大滚动项目"中国百村经济社会调查子课题———郎德苗寨"。此后，团队与中国社会科学院社会政策研究中心、中国农业大学等相关科研院所、高校组成联合调研组，团队成员学科涵盖历史、经济、社会、地理学、法学（法律）等，于2015年1月10日至26日深入至该村调研，就村寨自然资源与分布、历史与文化、村寨节庆与习俗（婚丧嫁娶）、村寨组织与权力结构、乡村旅游发展的阶段性演化、国家权力介入与村寨回应等专题展开深入调研，绘制了家族谱系图、土地与山林资源分布图、基础设施分布图等，整理录音资料共计104万字。调研中，每天开展的学术讨论及整理的文字资料为后续研究的展开奠定了坚实基础。为了补充这次调研存在的不足，笔者还带团队连续三年参加郎德苗寨一年一度的招龙节，全程跟踪调研，对村民选出的招龙小组成员进行深入访谈，拍摄了大量图片，对整个仪式活动进行详细记录。2015年12月，笔者再次前往郎德苗寨参加村寨一年一度的"扫寨"仪式，以同样的方式对扫寨仪式进行全程跟踪调研。调研中，团队成员在招龙节"转山"仪式和"招龙进家"仪式中找到了村民参与集体歌舞展演的原形，这让团队成员深刻地体会到只有把村落旅游事象放在宏大的传统视域和历史场景中去审视，从历史的纵向上全面梳理事象的生成缘由，亦即通过赋予现实问题历史性、通过对现实问题历史过程的梳理，才能让人们更全面地观察和反思它们何以出现、何以如此？

此阶段在对第一阶段的研究进行总结和反思基础上，主要通过对郎德苗寨社会内部结构要素进行深入调研而继续对郎德苗寨展开以村落为载体的旅游研究。研究跨越了经济学、管理学的单一学科理论视角，不再戴着单一学科理论的有色眼镜到田野寻找素材，而是通过转换研究范式，从"鸟瞰式研究"转向"蚯蚓式研究"，在对村寨内部结构性要素进行深入调研的基础上，对村民集体行动的经验事实进行学理追问和结构性关联，在此基础上对以共同体理论为代表的西方理论进行对话、交流。遗憾的是，该阶段研究缺少空间结构、国家与村落互动、经济与社会互嵌的学科视野，无法从丰富的经验材料中凝练出村落的特征与性质，导致经验材料缺少主题统领，无法将经验材料进行有机关联。

第三阶段：2016年至今（原创性学术命题的提出阶段）

2016年是笔者从事以村落为载体的社区旅游研究的重要转折点。多年来，中山大学旅游管理学科一直引领着国内社区旅游研究，在国际上也有较强的影响力。2016年笔者有幸成为中组部"西部之光"访问学者，到中山大学学习社区旅游。访学期间有幸聆听保继刚老师有关"旅游研究的学术规范与问题意识"的专题讲座，深受启发，让我清楚地认识到学术研究的成长路径。特别值得一提的是，保老师将优秀旅游学术成果分为三个阶段：第一阶段借用西方的概念、理论、量表在中国做验证性研究；第二阶段借用西方理论在中国进行"发展理论"的研究，即"打补丁"研究；第三阶段是长期跟踪调研，深入思考后原创性的概念与理论的提出阶段。讲座结束后，笔者在对讲座内容进行梳理、分析的基础上，再次对以郎德苗寨为载体的村落旅游研究进行了否定与反思，对旅游事象背后的村落历史、内部结构性要素之间的逻辑关联进行推演并展开村落旅游的横向比较研究，最终凝练出"民族村寨旅游共同体"的学术命题和旅游村落性质的表达。带着这样的主题线索重新回到田野时发现，民族村寨旅游共同体这样的学术命题与村落性质概括作为线索完全能够将村落自然生态环境、历史传统、文化机制、社会关联度、生计模式、空间聚落结构、国家与市场力量等村落的结构性要素进行有机串联。围绕民族村寨旅游共同体展开写作的《洁净与肮脏：苗族村寨扫寨仪式与社会秩序建构》等10余篇系列论文以及由此生成的学术著作《民族村寨旅游共同体》一方面能自成体系，另一方面，将真正推动国内以村落为载体的旅游研究走向深入。

以村落为载体的旅游研究，首先需要通过对村落展开长期跟踪调研和深入研究，在扎实的经验研究的基础上借助多学科理论视野和研究范式转换使村落旅游研究的"问题意识"真正根植于村落社会本身，形成对中国村落旅游经验的厚重把握，使村落旅游研究具有厚实的学理基础，避免盲目套用西方理论对中国传统村落形成切割式、碎片化式的研究，在此过程中逐渐凝练出原创性命题，形成有中国主位视角和主体性特征的社区旅游研究。

黔东南州委党校副校长、副教授、州管专家廖朝圣曾在《郎德苗寨纪行》游记中写道：

上郎德寨子是我们此行的最后一站，在黔东南民族村落中出名最早，上世纪80年代初就已蜚声海内外，那时旅游还没有时兴，纯粹是由于它的传承价值和自身特色而闻名于世的。党和国家领导人胡锦涛、乔石、温家宝等都曾到过郎德考察，大幅巨照挂在寨子醒目的地方，正因为如此，上郎德的民房建设都遵循着传统风格，保存着原始原貌，没有遭到破坏，早在1998年就被国家文物局评为"全国百座特色博物馆"之一，2001年被国务院列为"全国重点文物保护单位"，旅游和文物价值显而易见，相信其旅游的再次聚焦与升温时间，绝对为期不远。……是的，民族文化生态传统村落的保护与传承，重在乡愁，重在原味，重在价值，重在吸引，重在人气，这才是我郎德苗寨纪行的真实感言，除此，还有什么呢？

主任记者宋尧平（本书作者之一）长期把郎德上寨作为自己采访报道的观察点，他与郎德上寨有深深的情缘。2005年大二时，他第一次到郎德上寨过苗年后，每年都要去记录这里的生活。2005年12月26日他在《黔东南日报》文化旅游版发表题为《第一次走访郎德上寨》的文章。全文如下：

翻开日记，看到自己第一次走访郎德上寨是2005年11月24日，次日一大早5点就离开了。我还在读大二，我的大学同学陈尚明就是郎德上寨人。他邀请我们到他家过苗年。

苗年是什么啊，当时我问了同学。他说就是类似汉族传统的春节，过苗年苗家人杀猪宰羊热烈庆祝。苗年节是苗族祭祀祖宗和庆祝丰收的传统节日，也是最隆重的传统节日集会。过苗年一般在农历十月的第一个或第二

农闲（李玉贵供稿）

个卯日，也有的地区在寅日或丑日、亥日过。

苗年一般分三次过，称为"小年"、"大年"和"尾巴年"。大年最热闹，集会也集中在大年里进行，持续3至5天，有的地区持续十多天。像郎德上寨就是要持续十五天。

大年那天清晨，家家户户抱上大红公鸡，来到村边路口迎接祖先英灵回家过年。过年时，在祖宗牌位前摆一张桌子，放上一桌酒菜及糯米粑敬供，然后全家同客人一起，举杯交盏，欢度佳节。入夜，大家围在一起谈古论今，吟唱古歌、酒歌守年。第二天清早，家家户户鸣放鞭炮，迎接新年。节日期间，老人们轮流宴请亲朋，青年们梳妆打扮，参加跳芦笙、斗牛、赛马、游方活动。总之，老老小小各有所乐，快乐无比！

我这位同学说只要是苗族的传统节日、传统习俗，郎德人民都还在继续传承。比如13年才过一次的苗族最为隆重的鼓藏节（也称牯脏节）、苗年节以及吃新节、爬坡节等等。同学还说了一个我闻所未闻的现象，郎德上寨从来不过春节，即使是现在，也是只有极少数人家在春节那天吃点好的表示意思而已，形成不了一个习惯。

同学还跟我介绍郎德的很多情况。郎德上寨是郎德镇的一个苗族聚居的自然村寨，距镇政府所在地1.5公里，离县城雷山16.5公里，到州府凯里大约27公里。有人家120多户，人数500多口。1997年被文化部授予"中国民间艺术之乡"的美称，1998年被国家文物局列入"全国百座特

色博物馆"的行列，2001年6月"郎德上寨古建筑群"又被国务院列为"全国文物重点保护单位"……

这个苗寨被同学说得很神了，自己也有了非要走一走的念头。那日下午我就随同学来到举世闻名的郎德上寨过苗年，是苗年的最后一天了。

一个美丽的苗寨突然出现在我们的眼前。同学说这就是郎德上寨。

我站在公路旁打量着这个神话般的苗寨。只见一座大山下至半山腰，错杂地排列着几十幢吊脚木楼，四周青山环绕，村前有很多丘稻田，还有一条小溪从寨前而过，河水清亮，有风雨桥静卧其上，也看到人牛出入寨间……这里的一切太美了，这绝对是一幅最迷人的山水画卷，淡泊宁静，又诗意盎然。

在同学的带领下，我们沿着鹅卵石铺砌的道路，说着走着笑着来到了同学家。一到家，我认真打量他家，整洁、干净。里面现代化家电一一陈列，摆设布局让人感到很舒适。我问同学，是不是每家都这样啊？差不多，同学回答道。我说，要是黔东南州每个寨子都达到了这个水平，那么就是社会主义新农村了。同学说毕竟有些旅游收入嘛，相对来说，整体要富些。同学说1987年郎德上寨旅游开发前，全寨仅有两台黑白电视机，到现在，几乎每家每户都有彩色电视机，甚至很多家庭还有洗衣机、电冰箱，少数家庭还有摩托车。不难看到，民族旅游给郎德上寨的人民带来了巨大的变化。

在家里稍稍休息一下后，同学又带我们到田里抓鱼，接下来是杀鸡，再接下来便是吃夜饭喝酒。那夜，面对着这些热情好客淳朴的苗家人，在那样自然舒适的环境里，在浓重的节日氛围中，我们不知喝了多少酒，后来我真的醉了。醉得好开心！

宋尧平喜欢郎德上寨，就像迷恋他的故乡一样，几乎每年都要写一篇关于郎德上寨的文章，他写下了《郎德，我的思念》《郎德上寨：乡村旅游开发与文化保护的成功实例》等十余篇关于郎德上寨的文章。2009年12月16日，他在《黔东南日报》文化旅游版发表题为《在郎德过吃新节》的文章，文章表达了对郎德上寨村民幸福观的认同。全文如下：

2009年9月5日，我来到雷山县郎德上寨。这次到郎德和以往不同，往日都是陪领导考察采访，这次是同学陈尚明邀请去过吃新节。

吃新节是苗族的一个重大传统节日，有祭祀性、生产性和娱乐性内容，是苗族历史和文化的载体。各地过的时间不统一，有的地区是六月头卯日过，有的地区在七月才过，有的地区以秧苞为祭品，有的村寨以新产香糯为象征。吃新节属于神灵祭祀性、两种生产（物质和人口生产）祝贺性和娱乐性交融的节日。从祭祀内容看，苗族是一个非常崇尚祖宗崇拜和自然崇拜的民族，在吃新节里，人们祭祀天地，尤其是赖以生存的田土、水等，期望给本民族以保佑，人与自然和谐相处。吃新节一方面是祈求、祝贺农作物的丰收，一方面是在劳作闲暇里给青年男女创造一个谈情说爱、寻觅未来意中伴侣的机会，同时也为亲朋好友互相交流生产经验、交流情感提供了机会。

说实话，这次，我去郎德多少是有些为寻觅意中人而去的。未婚的年轻人，有这种思想应该是正常的吧。

当日12点左右，我们从凯里出发。当时凯里至雷山路段正在修路，车行很艰难，一路颠簸，所带水果全部散了架。一路上，车外黄尘浩荡，车内灰烟滚滚，头发都蒙上了泥尘变白。我想这种路况还会有游客去郎德上寨旅游吗？后来发现，确实没几个外来游客到这里旅游。连芦笙场旁的公厕都上了锁。所以来参加吃新节的都是周围寨子的村民。修路的这段时间，可见郎德上寨旅游经济收入并不乐观。

我们乘车赶往郎德上寨时，那里热闹非凡，人山人海，有的在观看篮球比赛，有的在看水上斗牛。同学说，吃新节已从前日开始，活动时间为三天。对于观看篮球比赛、看斗牛，我不怎么感兴趣。只是到处站几分钟，看看围观的人，或乱拍照一通，然后又走开，自己不断地这样重复着。是不好玩吗？当然不是，你看那水上斗牛多精彩，刺激！你听那球场上的加油声多激动人心、令人兴奋！我们一起去的还有一位同学，是个球迷，一到郎德，便去看篮球比赛去了。而邀请我们去的这位郎德的大学同学呢？他就忙得不可开交了，既要当裁判又要去拉牛腿。他能写能说能唱歌，还有一笔漂亮的字，球技也高，女同学最喜欢看他打篮球了。

人人各有所乐，很开心。我呢，显得有些无聊。到下午五点时，同学说，他的女朋友从凯里带来一个女队，马上就到她们上场打了。听到这句话，人变得精神起来了。等了将近半个小时，她们才出场。到球赛结束，天也暗了下来。晚饭后，晚会节目表演开始了，欢乐的芦笙曲吹奏起来，姑娘们美丽的裙子舞动起来……也就是在观看晚会的时候，自己才找到了感觉。

那些前来参加晚会的人们，男男女女，老老少少，他们的脸上始终洋溢着一种喜悦和欢乐的表情。看得出，所有人的内心里都充满了自信和幸福的感觉。那夜，人们狂欢到凌晨3点！

每次看到这种场面，我都会热血沸腾，心潮澎湃。我想，这才是一种有尊严的生活，这才是一种真正富足而自由的生活。

三、游客眼中独具魅力的苗寨

一位网名叫"旅行啦文龙"的游客在郎德游记中写道：

不是第一次来郎德，这次来郎德上寨除了感动还有惊艳，现在的郎德更加挖掘民族文化，增加了苗族文化的互动体验。晚上有篝火晚会，和苗家人载歌载舞，还有很让人兴奋的苗族偷婚互动，观众可以扮新郎新娘参与体验，台下的观众更是比做新郎新娘还要兴奋。

有的游客写道：

进入寨子，首先映入眼帘的是秋天的田园风光，充满了诗情画意。田里的水稻已经收割完毕，稻杆子堆成了一个个垛子。秋天的阳光洒在田野上，田边的几棵大树，叶子开始变黄了。很喜欢这样的风景，自然、纯粹、不加雕饰……我偎依在桥头眺望着寨子，即将收割的梯田稻谷黄澄澄的，山坡上的树木绿油油的，黄绿相间，错落有致，层林尽染，石板青瓦房掩映其间，犹如一幅浓淡相宜的山水画。在阳光照耀下，郎德苗寨像一串珍珠般闪闪发光，耀眼夺目。

一位游客到郎德上寨后，深情地写下了题为《郎德上寨：美丽的姑娘请跟我来》的游记。全文如下：

初到郎德上寨，让我惊艳的是蓝天白云下的青山绿水，是沿河湾而居的古老苗寨，是在清凉河水里无拘无束赤裸嬉水的孩童，是用12道拦路酒盛装迎客的全村男女老少，是在寨子中央铜鼓坪上的欢快悠扬的苗家歌舞，是在风雨桥上畅怀共饮的长桌大宴。然而，最让人惊艳的是郎德天生丽质、能歌善舞的苗家姑娘！朋友，如果你不信，就不妨随我一道走来……

碧水蓝天，笙歌美酒迎嘉宾

我们沿着清澈如镜的巴拉河自郎德下寨向上游前行，虽然阳光浓烈，但清风和煦，河道舒展，一路风景如画，一路欢声笑语，就连在河溪中戏水觅食的大鹅也展开翅膀迎接着远方的来客。此情此景，让我们这些饱受雾霾之扰、久居喧嚣之地的人怎能不心境舒畅、步伐轻快，旅途的劳顿早已被抛之九霄云外！

一座高大壮观的风雨廊桥进入我们的视线，郎德上寨到了！但客官切不可高兴太早，要想进得寨门，还要心甘情愿地被苗家父老"折腾"一番的。看见了么？那些身着苗族民族服饰的大妈大婶、大姐小妹正如门神一般立在路口等着你哩！

郎德上寨，系苗语"能兑昂纠"的意译，"能兑"即巴拉河下游之意，村以河名，"昂纠"即上寨，郎德上寨因属郎德地片的上方，故而得名。郎德上寨是一个很大的苗家寨，为全国第一个民俗风情村寨，也是贵州最早开放的著名苗寨之一。这里的苗民服饰以长裙为特征，人称"长裙苗"。郎德上寨，这个清雅不俗，田园林木、山水文物兼备的古朴苗寨，以它传奇式的色彩和浓郁的民族文化，吸引着天下游人慕名而来。

走上进寨的小道，迎接你的是笑靥如花的苗家小妹，迎面而来的苗家大婶端起的米酒飘香，振奋心田的是苗寨大佬们吹奏的芦笙大歌。好客的郎德苗家饮酒歌谣这样唱道：请你品一品，你喜欢也要喝，不喜欢也要喝；管你喜欢不喜欢都要喝！一杯酒未端，就已经被这场景熏得似醉非醉了。这种苗族人用清甜的泉水自酿的米酒，口感极佳，后劲十足，我到雷山的第一天就真正领教了苗家米酒"一醉到天明"的美妙滋味！

12道拦路酒可是郎德苗家迎接贵客的民俗大礼，真要想过关，自是需要一些酒量和胆量的，但并没有难倒我。我礼貌地双手合十，只淡淡地舔舐一口米酒，送上虔诚的微笑，轻松闯过了一道道关卡。因为我的目标是那些树荫下亭亭玉立的苗家小妹，我的镜头里可不能少了那些靓丽多姿的苗家小妹的身影。

欢歌载舞，情动苗寨醉煞人

穿过青石和鹅卵石铺成的狭长小道，来到寨中一片面积较大的平地，场子用青褐色鹅卵石拼贴成古代铜鼓上太阳纹的图案，共砌有12道光芒，朝着12个方向延伸，两侧还有用水泥镶嵌成的两匹飞奔的骏马，这就是寨中节日聚会或重要活动的场所，被称作"铜鼓坪"。这里就是当年举行北京奥运会火炬传递贵州凯里站点火仪式的会场。

身穿盛装的苗家男女汇聚到这里，开始了铜鼓舞、芦笙舞的表演。苗家女们和着音乐和鼓点，环绕着场子中央的铜鼓舞动起来，炫目的花飘带随着她们的舞步画出优美的弧线，细碎的银饰撞击声变得更有韵律和节奏感。

男人们手捧芦笙登场，他们身穿清一色的蓝布上衣，在芦笙乐声中，时而一字排开、时而围着铜鼓绕圈舞蹈，他们的动作简洁明快、稳健刚毅、奔放豪迈，长短不同的芦笙发出高低起伏的声音，上演着一曲曲旋律古朴悠扬的芦笙合奏。

姑娘们的舞姿时而酣畅淋漓、明快矫健，时而婀娜多姿、清雅舒缓，游客的掌声此起彼伏，现场的气氛高潮迭起。我的镜头随着欢快的舞步在移动，随着舞蹈队形的变化而远近，已不再吝惜快门，也忘了腰酸背疼。姑娘们跳得欢快，我拍得有些忘形。

歌舞仪式的尾声是全村男女老少都可上阵，并盛情地邀请各路游人加入到歌舞的队伍里，大家同欢共舞，心手相连。此时的舞步变得舒缓悠闲，但芦笙依旧高奏，队伍越来越大，小小的铜鼓坪也仿佛变成狂欢的乐园，民族和谐的氛围感染着每一个人，比米酒更甜、更醉人……

苗寨古建，岁月绵延愈悠长

郎德上寨依山傍水，背南面北，群山环抱，茂林修竹映衬着古色古香的吊脚楼。漫步于寨中，感受到的是一种清静悠闲，一种质朴素颜，处处弥漫着一种祥瑞平和的气息，体验到的是城里人十分羡慕的慢生活节奏。

郎德上寨除了有座郎德上寨博物馆外，在寨子深处的山脚旁，还有一座苗族反清抗暴起义领袖杨大六故居。故居内堂屋中间立有杨大六戎装塑像一尊，陈列着当年杨大六领导反清抗暴时的刀叉、头盔、铁炮等战斗武器以及生活起居物品。一栋简陋的吊脚楼，告诉了我们一段鲜为人知的英雄史，足见郎德苗家有着可贵的知恩图报、铭记历史的传统美德。

郎德之行，让我再一次感受着自然造化的魅力，感受着民族风情的魅力，感受着中华文明的博大胸怀和源远流长。郎德，再见了！你的热烈、你的奔放、你的柔情，一定会让我和更多的人再次去品尝那意犹未尽的12道拦路酒……

有的游客深情地在游记中写道：

从凯里下高速后，行驶过一个弯接一个弯的山路，经过一个又一个村寨，终于到达郎德上寨。还未入村寨，远远地就瞧见进寨的那条道上已站满了迎接游客的苗族人！第一次被这样的场景震撼到了。在郎德苗寨正式体验到苗族人民的热情，从进寨门开始的12道拦路酒到中餐的高山流水都添增了亲切感，每一碗酒都是带着他们满满的热情与欢迎，眼前所见的世外桃源，想必便是心中描摹了多次的模样。如果说吊脚楼是苗寨的象征，那么老人则是寨子里的灵魂，最悠闲的生活其实原本也是最平凡的，郎德上寨有诗情画意的山水，也有质朴自然的生活，苗寨中的老人都过得很简单，闲暇时就坐在屋檐下聊天，或是简简单单地坐着。从进村寨的大门开始，一路沿着鹅卵石铺就的小巷到达寨子中央的大广场，这里就是表演的地方，苗族人民多才多艺，唱歌跳舞样样拿手，在这里会欣赏到敬酒歌、苗族飞歌、芦笙演奏、超长芦笙演奏、锦鸡舞等丰富多彩的苗族民间歌舞。穿过山寨下保存完好的风雨桥，到达村寨对面的观景台，在那里可以将整个郎德上寨尽收眼底，相比一些苗寨，郎德上寨不算大，但是却有着自己独特的韵味，郎德上寨四面群山环绕，古意盎然。郎德上寨，它是我国举办奥运会圣火传递途经最为美丽的一段自然风光，漫步穿梭在苗寨的小巷之中，看木吊脚楼外挂满了玉米和辣椒，这就是大山中宁静的生活！

一位游客带家人游郎德上寨后，在博客上写下了一篇游记《奥运圣火走过的地方：郎德上寨》，全文如下：

十月三日，行程第三天。

火车从镇远古镇到达凯里，随后，我们便乘坐中巴车前往30公里外的郎德上寨。

凯雷公路一路顺畅，这是一条贵州省生态旅游示范公路。沿途，苗岭主峰雷公山树林茂密，随行的巴拉河蜿蜒流淌，寨瓦、南花、季刀等古老苗寨就依偎在一侧，青山绿水，风光旖旎。

前方的斜坡上、公路旁陆续出现了不少寨子，应该快到目的地了。隔着车窗，我上下打量了一番，心生疑虑：这怎么跟我在照片里看到的郎德上寨如此不同？

拖着行李箱，从桥对岸的停车场步行至景区售票处，只见工作人员从服装到发髻，清一色苗族打扮，特别抢眼，一口流利的普通话，颇出乎我的意料。简单交流后，原来这里是郎德下寨，到郎德上寨的话，还需要购票坐观光车上去。由于行李在身，只能这样了，不然我们还真想徒步上去，一路游览苗寨的古朴风光。

从山脚下拐了几道弯，终于见到了这个藏在山坳里的苗家寨子——郎德上寨。

这是一个有百户人家的苗族村寨，它是中国民间艺术之乡，它是全国

第九章 领导、专家学者、游客眼中的郎德上寨

重点文物保护单位，它还是奥运圣火走过的地方。其实郎德上寨的诸多头衔和名气，足以让它璀璨夺目，并吸引着诸多中外游客慕名而来。但名声大噪的这里依旧没有过度商业化，还是古朴的青瓦吊脚木楼，还是一代代在这里生活和劳作的当地寨民。

到达寨子的时候，傍晚时分，公路脚下的场地里正好有斗羊斗鸡活动，我在一旁照看着行李箱，贝爸（作者对丈夫的昵称，因为两个孩子叫大贝、小贝）领着贝俩（指两个孩子）走近观赏了。围观人群和精彩程度应该不及刚刚结束的斗牛，但好歹还是目睹了一次动物争斗的场面。

村寨口，立了一块大大的石碑，上面醒目地刻着"奥运圣火走过的地方——郎德上寨"。台阶都是鹅卵石铺成的，拉杆箱触地哐当哐当响，似乎有那么点不协调。

不知是不是进寨子的时间不对，传说中的饮12道拦路酒，我们并没有看到。

顺着台阶往上走，很快就到达我们今晚留宿的客栈：揽翠小居。很喜欢这个名字，清雅内敛、小家碧玉的感觉。

老板在厨房里忙活，老板娘在前台登记，他们都是当地的苗族寨民，朴实，热情好客。

房子是地地道道的传统苗家吊脚楼，爬木楼梯至二楼房间，推门就是嘎吱嘎吱一阵响。被子整齐叠放，床单褶皱明显，还留着淡淡的阳光味道，突然有种很温馨的感觉。

行李归置好，准备下楼，正巧迎面走来一位高大帅气的外国小伙，我有点懵：这里竟然还住着外国游客？相互问好，并简单交流了几句，原来人家在这里已经住了好些天了，舍不得离开。

客栈一楼有个小亭子，住客通常会在这里用餐、观景或闲聊。晚餐我们就在这里吃了，点了酸汤鱼，还有苗家腊肉等特色菜，边吃边欣赏窗外的月色。

篝火晚会很快就要开始了。我们寻着响彻村寨的歌声，来到路旁临时围出来的一块空地上。姑娘们已经穿戴好传统苗家服饰，为一会儿的表演做准备。

幽僻的山里，星光点点，我们一家人，手牵手，漫步在皎洁的月光下，贝们嬉戏追逐，说笑打闹，我和贝爸就这样看着，感慨着，幸福着。这样的夜晚，太美好……

苗家舞蹈、吹芦笙、跳竹竿、拼酒力，点起篝火，晚会在一浪接一浪

的欢呼声中进行着。来自四面八方的游客都汇聚在这里,包括许多金发碧眼的外国人,大家唱啊跳啊,感受苗家人的热情好客,尽情享受不一样的民族风情魅力。

其中有一位苗家姑娘长像甜美,舞蹈优美,我们都非常喜欢。晚会结束后,贝们还特意和小姐姐合影了两张。

回到客栈,亭子里的灯还亮着,和老板家的一位亲戚闲聊片刻。这位学画画的小伙子经常会到郎德上寨住上几天,找找创作的灵感。亭子门口还摆放着他画画的各种工具及一些作品。

夜晚的寨子,一片寂静。住客们都陆续去睡觉了,只有老板和老板娘还在忙碌着,虽然辛苦,但黄金周带来的收益应该是可观的吧。

早晨五点多,我醒了。拉开窗帘一看,外面云雾缭绕,仙气袭人。也不管这天气适不适合拍照,带上相机,拉上贝爸,到村寨里转一转再说。

俩人蹑手蹑脚地出门,然后沿着石阶一直往上走。

青石板、鹅卵石,一座座吊脚木楼疏密有致地散落在山坳斜坡上,有的破旧不堪,已经没人居住了,有的翻新改造后成为了旅馆客栈。但整个村寨看起来还是非常古朴、原生态。

小径蜿蜒曲折,一位游客都没有,偶有两三位早起的寨民,挑担的、摘菜的,来不及按下快门,身影已走远了。

郎德山水(向泽忠供稿)

第九章　领导、专家学者、游客眼中的郎德上寨

一串串玉米晾挂在木墙上，金灿灿的，一股浓浓的丰收的味道。

树梢上挂满了柿子，黄的、红的，像一盏盏精致的小灯笼。

再往上走，就是最高处的青年旅舍了，昨天在凯里汽车站遇到的几个学生党，今早在这儿又碰上其中一位，挺巧的。

这位苗族妈妈一早就挑着担去干农活了，台阶上面还有一位小伙子，不知道是不是她的孩子，旁边停着一台收割机。他告诉我们说，今天要收割稻子。

从这个半山腰沿着田埂走到那边的半山腰，寨子也算逛了一大半了。

晨雾还未散去，行人近乎没有。山的气息，泥土的味道，再加上婉转动听的鸟鸣声，这应该是很多人神往的田园生活吧。

墙角开出的一朵鸡冠花，娇艳无比。

这里是苗族英雄杨大六的故居。咸丰年间，他参加张秀眉领导的苗民大起义，为义军主要将领之一。

过了风雨桥，有一个观景台，可以看到郎德上寨的全貌。只是迷雾久久缠绕于山林间，为寨子蒙上了一层薄薄的面纱，缥缈神秘。

田里的稻谷已经收割了，稻草扎起来立着，像一个个小人站在那儿一样。

遇到一位早起锻炼的阿姨，六七十岁的样子，红光满面，气质极好。她来自广东，一家老小到郎德上寨游玩，已经待了好几天了。她们的客栈就是山脚下田地旁的这家，这里空气新鲜，又很安静，老人特别喜欢。

已经六点多了，不知贝俩睡醒了没有？看看手机，没有电话手表打来的记录，看来俩人还在梦乡中。

寨子走了一圈，肚子都有点饿了，于是，来到风雨桥边的一家早餐店，点了两份米粉。因为辣椒都是自己放的，我一个不小心倒多了，结果只能重新点一碗。

一顿早饭过后，感觉路上的游客一下子多了起来，不过我心里已经踏实了，郎德上寨最自然本真的样子已深深印在我的脑海里。

一道光斜射下来，照亮狭小的过道上。一位寨民大哥正在一旁磨镰刀，看来是为收割稻子做准备了。

推门进去，贝们其实早已醒来，只是俩人没着急起床或给我们打电话，自顾躺在床上聊天。

风俗习惯关系，寨子里的多数客栈都没有独立卫生间，所以，贝俩只能在露天洗漱台刷牙洗脸。

沐浴着阳光，还有蜜蜂在一旁采蜜，这样的生活也够原生态了。

趁着贝爸带她们去吃早饭的时间，我赶紧去房间整理行李。

十点多，村寨里铜鼓坪的演出就要开始了，这是郎德上寨免费为游客表演的节目，每天上午和下午各一场。

寨里上了年纪的老人，全都精心打扮，盛装出席。表演场上的老人们清唱苗歌，曲调朴实，声部此起彼伏。场下的老人们坐在小巷子里，埋头刺绣，神情专注。

小伙子们吹着芦笙，欢迎着游客们的到来。芦笙是少数民族如苗、瑶、侗族的簧管乐器，逢年过节，他们都要举办各式各样的芦笙会，庆祝自己的民族节日。

姑娘们身着苗服，载歌载舞，吸引着观赏游客的所有目光。

苗族服饰可以说是我国所有民族服饰中最为华丽的，银饰、苗绣、蜡染是它的主要特点，工艺手法织绣结合，使这些服饰花团锦簇、流光溢彩，具有浓烈的民族艺术特色。

两位苗族姑娘手握牛角酒，来到观众席上，为远道而来的客人敬上一杯。不过喝牛角酒的时候只能用嘴去接喝，不能用手接下来。

这两位美丽的苗家姑娘就是昨晚和贝贝合影的小姐姐。舞跳得最好，人也长得漂亮。

没有华丽的舞台，没有璀璨的灯光，但这样原汁原味的表演却让我尤为喜欢。

演出还没有结束，但我们提前跟客栈老板点的酸汤鱼已经上来了。于是，一家人提前离场，飞奔至客栈小亭吃中饭。

突然，演出场上传来锦鸡舞的音乐，这是昨晚篝火晚会后我和贝们最喜欢的一个舞蹈。放下筷子，我和小贝又飞奔回铜鼓坪表演场，站着看了会儿，顺便录下了一小段视频。而那个吃货大贝，正和贝爸吃着美味的酸汤鱼呢。

匆匆扒完最后一口饭，拎起箱子，冲到村寨路口。贝爸忙着给贝们拍照，我就先拉着箱子往观光车入口走去了。

即便是这么赶，等我们到达中巴车站时，十二点半的车子也只剩下一张票了。包车、打车软件全试了，都以失败告终。最后运气不错，正好有位司机送客人到郎德上寨，现在要返回凯里，我们总算是搭上车了。

2019年6月30日一位游客在媒体发了题为《"乡"遇郎德上寨：一

第九章 领导、专家学者、游客眼中的郎德上寨

个古朴而又风情万种的苗寨》的游记，这篇游记基本概括了郎德上寨的独特魅力。全文如下：

郎德苗寨位于贵州省黔东南苗族侗族自治州雷山县，距凯里市区27公里，距雷山15公里，是贵州省东线民族风情游的重点村寨之一。郎德苗寨分上下两自然寨，对外开放的是上郎德，因此正规一点的叫法应该是"郎德上寨"。

郎德上寨是一个只有百户人家的苗族村寨，寨内苗民的服饰以长裙为特征，所以又称为长裙苗。寨子四面群山环绕，古木参天，寨内的吊脚木楼鳞次栉比、错落有致，给人一种灵秀之美。

初到郎德上寨，"十二道拦路酒"一定会给你留下深刻的印象。从公路边的石板台阶一直到山坡上的寨门，短短一段路共设有十二道拦路酒。身着盛装的苗族村民，提壶端杯，轮番向客人敬酒，石台上的老爹爹们吹着苗乐热烈欢迎。苗族人虽好客，但不会强行劝酒。一路余音缭绕，欢声笑语，欢迎远方的客人到苗寨做客。

在寨子中央，有一片开阔的广场——芦笙场，芦笙场全部用鹅卵石铺设，热情好客的苗族村民为客人准备了特色演出。铜鼓舞、锦鸡舞、芦笙舞等，曼妙的舞姿，还有那银饰的响声让人目不暇接，陶醉其中。由寨中长者表演的芦笙演奏令人印象深刻。他们大部分都已六七十岁，但他们吹的芦笙还是那么响亮稳当。最后，全村男女老少全部上场，客人们也被邀入场，与苗寨人共同享受这独有的欢乐。

郎德上寨寨前有座风雨木桥，横跨村前的一条小溪，穿过风雨桥，前面便是观景台，可以看到郎德的全景。此次到郎德上寨，我们看到了苗族人喜欢的斗鸡、斗鸟比赛，还亲自下田体验了抓鱼的乐趣。

郎德上寨寨子不大，寨子的路都用鹅卵石或青石镶砌铺就，寨子的吊脚楼基本都是木制的，保存得比较完好。这里没有车水马龙，虽然奥运圣火曾从这里传递，但寨子没有过度开发，还比较原生态。在这里，你能够看到苗寨最初的样子。在郎德非遗博物馆，展示了各种图片和实物，从苗族历史、生活、节日、歌舞、服饰、银饰、医药、建筑等各个方面展示出苗族文化的独特性和多元性。

郎德苗寨给人的感觉很安静。如果你旅游的目的正是为了放松自己，建议来这里感受一下古朴而又风情万种的苗族风情。

（本章根据吴正光提供的资料以及郎德文旅公司提供的相关资料编撰）

中国乡村振兴 示范村 | 郎德上寨　LANG DE SHANG ZHAI

2019多彩贵州·第十二届中国原生态国际摄影大展之原生态文化艺术周（郎德）7月23日在雷山县郎德苗寨启动。图为贵州省旅游局原局长、中国驻新德里旅游办事处原主任、联合国世界旅游组织专家委员会专家杨胜明（右三）、张一凡、杨力、张晓松等专家在郎德留影（雷山县委宣传部供稿）

第十章
奥运圣火照亮古苗寨

2008年6月13日,北京奥运火炬接力贵州传递第二站在黔东南苗族侗族自治州进行。巴拉河畔芦笙欢快奏响,苗岭山麓歌声婉转嘹亮。在有600多年历史的古老苗寨郎德上寨,2000多名苗族同胞们身着节日盛装,载歌载舞,迎来了苗家最尊贵的"客人"——北京奥运火炬"祥云"。

圣火传递盛况(李玉贵供稿)

8时30分,在郎德上寨的铜鼓坪,北京奥组委火炬使者点燃了火炬,并交给黔东南州委书记、凯里站组委会主任。

州委书记高举火炬向大家展示后，交给了凯里站第一棒火炬手林丽，她是参加过雅典奥运会的黔东南州籍体操运动员。

接过凯里站的第一棒"祥云"火炬，林丽的兴奋之情溢于言表。她先是右手高擎火炬，左手平展，做出了标准的体操动作高抬腿和后踢腿，之后转身360度，做了一个单手撑地的支撑动作，继而又是一个转身360度，整个过程连贯优美，着实让所有在场的人大开眼界。

火炬手林丽高举火炬起跑，幽静的郎德苗寨瞬间沸腾了。

"五里不同风，十里不同俗。"黔东南被誉为少数民族文化风情"博物馆"。在这里，奥运火炬将展开一段精彩纷呈的原生态民族文化的奇妙旅程。

7米多高的大芦笙，只有寨子里的"芦笙王"才吹得响亮。在郎德上寨，80岁的吴王九老人把心爱的大芦笙擦了又擦，"让全世界的人们听到苗家最美的芦笙曲，这个心愿我已等了很久"。

这一刻，为迎接奥运火炬的到来，他如年轻人一般起劲地吹起欢快的旋律。

"我为苗族同胞骄傲，为我的家乡骄傲，更为强大的祖国骄傲。"一位村民激动地说道。

独具匠心的吊脚楼，古色古香的鹅卵石道，魅力无穷的苗族歌舞，绚丽夺目的苗族银饰，作为贵州省最早开放的原生态苗族村寨，郎德上寨以独特、浓郁的民族文化和热情好客的民族礼仪吸引着众多中外游客。

青山环抱、绿水相拥，来到郎德上寨，仿佛置身于世外桃源。当天，北京奥运火炬不仅首次走进古老苗寨，还首次在田间小径，伴着阵阵稻香和潺潺流水传递，走进令人向往的梦里水乡。

黔东南苗族侗族自治州是北京奥运火炬接力传递的第46站。从郎德上寨出发，208名火炬手将通过手手相传的方式，高举奥林匹克火炬，沿着美丽的巴拉河，穿越青山绿水间的季刀苗寨、南花苗寨和寨瓦苗寨等民族村寨，并经由凯里市城区内的韶山南路、宁波南路、友庄路，最后抵达终点——富有民族特色的凯里民族体育场，行程19.3公里。

黔东南是"歌舞海洋"。这里的人们会张嘴就会唱歌，会走路就会跳舞。侗族大歌是无伴奏多声部自然合声，模仿的是自然界万物之音，没有教科书没有五线谱，却以口口相传代代相授延续至今，被誉为"天籁之音"。苗族飞歌高亢悠扬，婉转动听。当地民族舞蹈中，反排木鼓舞粗犷奔放，丹寨锦鸡舞艳丽柔美。

第十章 奥运圣火照亮古苗寨

会针线就会刺绣,这造就了黔东南苗族的服饰精美。通过服饰可以分辨出族群支系、已婚未婚,黔东南苗族服饰因此被称为"穿在身上的史诗"。黔东南州还是"百节之乡",全州每年的民族民间节日近 400 个。

奥运圣火出寨门(李玉贵供稿)

节日活动丰富多彩,唱歌跳舞、斗牛赛马、吹芦笙、踩铜鼓、赛龙舟、玩龙灯、唱侗戏。吃新节是苗族春夏之交最盛大、最隆重的节日。台江姊妹节,是苗族青年男女传递爱情信息,挑选终身伴侣的节日,被称为世界上最古老的情人节。

黔东南州以其良好生态和原汁原味的丰富民族文化遗存,被联合国教科文组织确定为世界"返璞归真、回归自然"十大旅游胜地,并被世界乡土文化基金会列为世界 18 个原生态民族文化保护圈之一。其原生的民族文化、原始的自然生态、原貌的历史遗存,构成了举世无双的原生态黔东南文化景观。

黔东南州森林覆盖率为 67.37%,全州原始森林总面积达 16 万公顷。全州共有 481.19 万人,有苗、侗、汉、布依、水、瑶、壮、土家等 44 个民族,少数民族人口占总户籍人口的 81.3%,其中苗族人口占 43.2%,侗族人口占 30.4%。

火炬穿过一座座苗家吊脚楼,经过一片片绿茵茵水田的埂堤,沿着水清如碧的巴拉河一路前行。奥运火炬所到之处，一个个古老美丽的苗寨沸腾了。苗家12道拦路酒端起来，欢快的苗家迎宾芦笙曲《雷公山雷公坪》吹起来，苗家的反排木鼓舞跳起来，上百面苗家震山鼓敲起来，苗家儿女用他们世代相传的迎宾方式，迎接他们心中的圣火"祥云"，表达一个古老民族迎接北京奥运会到来的喜悦之情。

第5棒火炬手周海燕的民族舞蹈传递更是别具风味。传递中，苗族姑娘周海燕先是跳起了只有在节日中才能看到的苗族"锦鸡舞"，之后，又跳起了有"东方迪斯科"之称的"反排木鼓舞"。"锦鸡舞"和"反排木鼓舞"在表演时均需要着节日盛装，而当天，身着火炬手服装的周海燕又让所有人看到了民族舞蹈的另一重含义，那就是，民族舞蹈同样可以作为助威火炬传递的激情元素，民族舞蹈同样可以以其独有的魅力为火炬传递平添色彩。传递中，周海燕优美的舞姿，加之脸上洋溢的笑容，着实吸引了所有在场的助威群众和媒体记者为她加油鼓劲。

火炬传递路线两旁是身着盛装的少数民族群众，苗族少女打出"雷山苗族同胞心系灾区群众、心向北京奥运"的横幅。

"跨越千山万水，我们和圣火有个约会；今天与苗乡干杯，看和平的圣火映红这青山绿水；今天与侗乡同醉，看不灭的梦想像这火焰熠熠生辉……"苗乡侗寨到处传唱着《苗乡侗寨迎奥运》。

当火炬传递到凯里市区时，沿路"点燃激情、传递梦想""众志成城、抗震救灾""中国加油""四川加油"等标语更加醒目。在火炬手行列中，有曾经奔赴四川参加抗震救灾的白贵春、田晓滨、尚显文、肖竹，还有在震中映秀镇被埋124小时后获救的贵州小伙子蒋雨航，自豪和幸福洋溢在他们的脸上。

当天，蒋雨航成为了凯里站的奥运火炬手。

蒋雨航说："坚强挺住、绝不放弃，这是支撑我，支撑着许多地震灾区同胞的生命力量，这也同样是奥运精神的力量所在。今天，我要把这种力量传递下去。"

11时50分，最后一棒火炬手高举"祥云"火炬跑进本次传递的终点——凯里民族体育场，100多面撼山鼓发出震耳欲聋的声响。当圣火盆被点燃时，现场沸腾了！人们的欢呼声、掌声、鼓声经久不息！

"祥云"火炬的凯里之行展现了黔东南的原生态民族文化，又体现了黔东南多民族和谐共融的特点。就在火炬向体育馆中央舞台传递过程中，道路两边苗侗等民族演员载歌载舞，夹道欢迎，身着苗族盛装的妇女在河中洗衣，苗族男子在河中撒网捕鱼，小孩在河中嬉戏。风雨桥上，一群苗家妇女在纺纱刺绣——展现了一幅苗家劳作农耕的优美画卷，充分体现了人与自然的和谐。黔东南之美在"祥云"火炬的映照下被展现得淋漓尽致。

圣火步道（雷山县委宣传部供稿）

在结束仪式上，一位省领导说："今天是个值得纪念的日子。奥林匹克火炬的光芒照耀在黔东南这片充满生机的大地上。208名火炬手高擎火炬，将友谊与和平的信息传遍苗乡侗寨，将奋勇拼搏、无私奉献的精神播撒在每个人的心中。"

第十一章
郎德上寨的苗文化

  郎德上寨是集人文景观和自然景观为一体的国家文化保护单位,是贵州省重点的民族文化保护村寨,素有"中国民间艺术之乡""中国景观村落""中国传统村落"等美誉。郎德上寨历史悠久,民族文化丰厚,是著名的民族历史文化村寨。因历史、地理等原因,郎德上寨苗族文化十分丰富,是深度体验苗族文化的绝佳之地。

一、历史人物

  郎德上寨最著名的历史人物当推苗族英雄"杨大六"。其实,杨大六不是英雄的本名,而是苗族民众对他的誉称。郎德上寨苗族村民深谙个中情形,酷爱用"杨大六"称呼自己的祖先。

  郎德上寨苗族村民本无姓氏,历来沿袭父子连名制。大概是官方为登记户口、征收赋税方便起见,将其"赐"为陈姓。虽然如此,村民仍习惯使用苗名,苗名按父子连名制起名,不带姓氏,汉名带姓氏,因此每位村民就有苗名和汉名两个名字,对外交往中使用汉名。

  咸丰初年,"苗疆六厅",即今雷山、台江、剑河、丹寨、榕江、三都一带,连年遭受大旱,复有虫灾为害,农民颗粒无收,但官府仍横征暴敛,有加无已。咸丰五年(1855年)春,清兵到今郎德上寨征粮,将交不起粮的一位苗族村民活活打死。死者侄儿一怒之下将清兵击毙。他对大家说:"只有造反,才能生存!"这位血气方刚的苗族青年叫"腊略",对外则称"陈腊略"。

第十一章 郎德上寨的苗文化

陈腊略于咸丰五年（1855年）三月十五日参加张秀眉发起的"展梅尼聚义"，被推为"平杨王"，负责攻打丹江（今雷山）、凯里和清平（今凯里市炉山镇）等地。战斗中，他勇猛异常，吓得清兵惊问："这是谁？"但听苗民赞誉道："羊打罗！"苗语"羊打罗"即汉语"雄死了""勇敢极了"之意。清兵不懂苗语，误以为这位身先士卒的悍将叫"杨大六"。于是，杨大六的名字便上了官方文件和官书，以致后来许多人只知道杨大六而不知道陈腊略。

咸丰五年（1855年）五月，杨大六攻克控拜、顶冠两汛及震威、培塘、连城诸堡，击毙顶冠汛外委蒋大春。

咸丰五年（1855年）六月，杨大六连克黄茅、乌叠两汛及肇泰、长丰、永定、望丰、抚远、鸡讲等堡，并围困丹江厅城。

咸丰五年（1855年）八月十三日，杨大六攻克丹江厅城，击毙署通判严锡珍、署参将乌尔滚、守备计维富、千总周开广等。

咸丰五年（1855年）十二月二十五日，杨大六用计调出凯里守敌，于龙头河痛击之。旋又于汽洞河阻击之，歼敌300余人。

咸丰六年（1856年）二月九日，杨大六攻克凯里城，击毙县丞陶文量、署都司张书年。同年又与张秀眉合攻台拱厅城，大获全胜。

咸丰八年（1858年）一月二十九日，杨大六攻克都匀府（今都匀市）城，击毙署知府高廷莫、护理都匀县经历罗维德、四川邑梅营守备黄廷超、云南昭通镇左营把总罗应春、守备张晃明、程占祥及川东把总何连甲、外委侯魁数十人。

咸丰八年（1858年），杨大六奇袭麻哈州（今麻江县）城，与敌巷战，以胜告终。

接着，杨大六与张秀眉绕道进攻贵定瓮城桥、云顶关，断龙里、贵定间粮道，省城为之大惊。

咸丰九年（1859年），杨大六等合攻黄平旧州。

咸丰十年（1860年）一月十三日，杨大六攻克平越州（今福泉市）城，击毙署守备张杰成、把总李正桐、署酉阳汛千总杜玉周、杨老汛把总黎民安、外委郭进修、世袭云骑尉李攀龙等。

咸丰十一年（1861年），杨大六联合天柱侗族农民起义军领袖姜映芳等攻王寨（今锦屏）、天柱。

同治元年（1862年），杨大六转战丹江、台拱等地。

同治六年（1867年），杨大六汇合其他义军东下邛水（今三穗），进攻思州（今岑巩）、玉屏、青溪等城。

同治七年（1868年），杨大六参与在黄平境内进行的黄飘会战，大获全胜，史称"黄飘大捷"。

同治八年（1869年）四月，杨大六踞平定、下司，扼凯里、丹江要道。黔军提督张文德犯八寨（今丹寨），杨大六截击之，鏖战于鸡贾河，重创黔军。

同治九年（1870年）春夏之交，杨大六在都匀、麻哈一带活动，常出击平越，断敌粮道。

同年秋，杨大六出击都匀、麻哈，直逼贵定、龙里，抄川、黔两军后路。旋即退守丹江、凯里一带，拒敌于大小丹江及上下郎德之外。

同治十年（1871年）正月，杨大六率丹江、凯里、八寨部分义军出麻哈，攻平越，过贵定，冲入龙里县境，击毙参将黄立成，省城再惊。

同治十年（1871年）三月七日，清军陷丹江厅城，杨大六撤至雷公山。

同治十一年（1872年），张秀眉在乌鸦坡、乌东坡决战中被俘。杨大六奋力突围而出。为解救张秀眉，杨大六杀下乌东山，在陶尧陷入重围，不幸被俘，槛送长沙。

同治十三年（1874年），张秀眉被"点天灯"暴刑折磨而命终，杨大六被"骑铜马"暴刑折磨而命终。所谓骑铜马，即绑于空腹铜马上，腹置木炭，鼓风燃烧，将人活活烫死。

杨大六领导苗族村民开展抗清斗争时，在其家乡——郎德上寨——修筑的战壕、围墙、隘门及马道、军库等设施，迄今遗址尚存。其故居，历经修葺，保存完好，其内办有相关展览。

二、建筑文化

郎德上寨的建筑文化，极具地方特点和民族特色，堪称苗岭山区"苗族建筑博物馆"。

民居建筑 郎德上寨的民居建筑，几乎都是木结构、穿斗式、吊脚楼。虽然同为吊脚楼，却又因地制宜、因材施用，建成不同的体量和形制。至于吊脚楼内的建筑装饰，更是风采独具，蕴藏着丰富的文化内涵。

第十一章 郎德上寨的苗文化

郎德上寨的吊脚楼（赵萍秀供稿）

附属建筑 郎德上寨各家各户于吊脚楼民宅或防火塘附近，建有必不可少的粮仓、碓房、柴棚、厕所等附属建筑，从而使这个规模不大的苗族小寨，构成一个十分完整的木结构建筑体系。

公共建筑 郎德上寨的公共建筑，包括防御工事、道路桥梁、水利设施、民俗建筑等诸多方面，较为系统地满足了村民对安全防范、生产生活及社会活动的需要。

桥梁建筑 郎德上寨拥有各种各样的独木桥、汀步桥、马凳桥、板凳桥、石板桥、石拱桥、风雨桥、楼梯桥、木仓桥、求子桥、祈寿桥、保爷桥等数百座，人称"苗岭桥乡"。

郎德上寨苗族村民之所以如此酷爱架桥，与特定的自然环境和特殊的传统民俗关系极大。郎德上寨地处雷公山麓、丹江河畔，寨后郁郁葱葱，经年流水淙淙，数十眼清泉之水潺潺进入山寨，切出条条壑沟，形成若干溪流。树多泉多，沟多溪多，桥梁建筑自然众多。最早住在"左洞庭，右彭蠡"水乡泽国的苗族先民，辗转迁居苗岭山区后，仍然保留"遇水架桥"的优良传统，甚至将架桥观念引申到求子祈寿、消灾弭祸等民俗事象中，从而演绎出丰富多彩的桥文化。

苗家民居（孙本灵供稿）

三、服饰文化

服饰往往被人视为一个民族的重要表征，但如果仅从服装款式及发型头饰识别苗族，那难度未免就太大了。仅就郎德上寨苗族服饰而言，就多达二三十种。凡是到过郎德上寨参观考察的远方客人，无不对郎德上寨苗族妇女的穿着打扮留下深刻的印象。

1. 服装款式

在郎德上寨，经常可以看到如此打扮的姑娘：脚上穿着入时的白网鞋、旅游鞋或高跟鞋；下身穿着现代式样的裤子，有的还外加一条古香古色的百褶裙；上身穿着用现代面料剪裁、按古代款式缝制的姊妹装；头上全是古代发型，有清代的明代的，还有宋代的唐代的；其饰物或者是古代流传下来的老银饰，或者是按照传统式样打制的新"银饰"。一身穿着跨千年，具有明显的"地层"关系。通观郎德上寨苗族妇女服饰，如读"无字天书"，一部生动形象的民族服饰发展史跃然于人身上。

郎德上寨苗族服饰，款式丰富多彩，技艺巧夺天工，内涵广博深邃，令人叹为观止：上装有贯首服、无领服、圆领服、高领服、矮领服、长袖服、短袖服、大袖服、小袖服、左衽服、右衽服、对襟服、有扣服、无扣服、圆摆服、方摆服以及前摆长后摆短和前摆短后摆长等多种款式；下装有带裙、片裙、桶裙、百褶裙、羽毛裙等等；裤子有长有短，裤脚有大有小，相差甚为悬殊。

服装款式的差异与生产劳动有着密切的关系。种植水稻，衣袖和裤脚短而肥，显然是为了下田干活方便。而上山劳作则与之相反，衣袖和裤脚长而瘦，为的是防止蚊虫叮咬及荆棘划伤。

郎德上寨苗族服装款式与文化水平、风俗习惯也有很大的关系。贯首服、无扣服、羽毛裙以及袖子不缝合的衣服等，是早期服装的遗风，多少保留古代服装的形态。而鼓藏服则是特殊风俗的需要。从服装款式可以看出郎德上寨苗族村民在社会生产、社会生活、风俗习惯等方面所具有的文化特点。

老人服饰（李玉贵供稿）

2. 制作工艺

制作服装的传统技艺具有悠久的历史，其工艺水平达到了炉火纯青的程度。刺绣手法多种多样：平绣、皱绣、破绣、辫绣、轴绣、锁绣、结籽绣、盘绦绣，应有尽有，不一而足。

蜡染、刺绣图案十分丰富，各种动物、植物及几何图案达数十种之多。即使同一动物,也有许多变化,如妇女们常绣的龙,竟有蚕龙、蛇龙、牛龙、猪龙、鱼龙、鸟龙、鸡头龙、蜈蚣龙等十余种。

蜡染、刺绣图案极富变化:同一物体,有写实的,有写意的;有极度简化的,有大胆变形的。有的图案,既是植物又是动物,如菊花又称蜘蛛花、螃蟹花。各种图案的组合十分巧妙:初看是几尾鱼,再看是一只鸟,组合起来审视则是一只蝴蝶或一只蝙蝠。有些图案,顺看倒看各不相同,正看反看又不一样,特别有趣。

四、饮食文化

郎德上寨苗族村民的饮食习俗,从不同角度反映苗岭山区的社会生产、社会生活、精神生活,不仅具有经济开发价值,同时具有学术研究价值,是苗文化的重要组成部分。

1. 主食

郎德上寨出产稻谷、小麦、高粱、小米、红薯、洋芋等粮食作物。其中稻谷又分黏米与糯米两大品种。除稻谷外一概称为"杂粮"。

大米饭均以杉木甑子蒸食。从前,也曾用铁鼎罐煨煮。糯米蒸熟后,可以捏成团,徒手抓吃,也可用以打糍粑。糯米饭便于携带,赶场、省亲出远门,常作"晌午饭"(午饭)用。逢年过节,或接待宾客,动辄打糍粑。除了现打现吃外,还作馈赠礼品用。吃糍粑时,不用碗筷。冷糍粑,可以烧吃,也可以煎吃或煮吃。将一时吃不完的糍粑泡在冷水里,可以贮藏几个月。但要不时换水,否则会酸。

用鸡肉和大米或糯米熬稀饭,称"鸡稀饭",是苗寨待客佳肴。不过,鸡稀饭只是干饭的补充,不能全然当主食。

小麦经过加工,或用桐树叶子包裹蒸成弧形麦粑,或擀成面条,晾成挂面。面条有时被当作下饭菜,既是主食,又是副食。即使当主食,也不是正餐。时至今日,还是很少有人会做包子、馒头、花卷之类的面食。

嫩包谷,通常烧烤着吃,或者煮熟吃,只当小吃。老包谷经过加工,可以制成酸酢,当菜吃。苞谷虽然可以当主食,但一般多用以烤酒及喂猪,很少有人当饭吃。

高粱、小米产量不高,种得不多。这类杂粮除用以打糍粑及酿甜酒或烤烧酒外，没有多大用处。不过，脱了粒的高粱穗可以扎刷把、绑扫帚，故在农村还不可或缺。

红薯、洋芋，从前也曾被某些贫苦人家当主食，或者烤酒喝，而如今只能当菜吃，或者喂猪。红薯和洋芋产量都很高，随着乡村旅游业的蓬勃发展，似有较大开发价值

2. 副食

除上述某些主食可以当作副食食用外，专门当菜吃的副食品种主要有青菜、白菜、菠菜、韭菜、苋菜、广菜、莲花白、南瓜、黄瓜、丝瓜、冬瓜、黄豆、豌豆、豇豆、四季豆、刀豆、茄子、萝卜、莴笋等等。这是素菜。

荤菜主要有猪肉、牛肉、羊肉、鸡肉、鸭肉、鹅肉、狗肉、鱼虾等等。从前还有野兽肉、飞禽肉。自从郎德上寨被作为"民族村寨博物馆"对外开放后，村民重订村规民约，不准狩猎打鸟，野味便从餐桌上消失了。

在郎德上寨，最受外人称道的是用酸汤煮鱼，称"酸汤鱼"。酸汤鱼用的是新鲜鲤鱼，而且多为稻田养殖的鲤鱼。村民认为，田鱼比河鱼肥，油水好。

鲤鱼经过加工，还可制成黯鱼。郎德上寨的黯鱼与侗族黯鱼不同，制法是：先将鲤鱼剖肚炕干，而后放入坛内腌制，香脆可口，没有异味。

3. 佐料

郎德上寨苗族村民常用的佐料主要有辣椒、花椒、生姜、香葱、大蒜、木姜子等等。村民一年四季多吃火锅，佐料制成蘸水，边吃边加，既新鲜又节约。

郎德上寨有个风俗特别有趣：从前吃野味不能加佐料，他们认为，加了佐料，食物变味，猎狗就分辨不出野味了，会影响以后狩猎。

五、饮酒文化

1. 酒礼酒俗

郎德上寨的酒礼酒俗，作为一种文化现象，随着旅游开发扬名中外，

凡领略过郎德上寨酒礼酒俗的客人，无不为之而陶醉。

迎客酒　小寨背山面水，村路弯弯曲曲，遇有客人进寨，村民在崎岖的田坎小路上设置道道"拦路酒"，通常12道，最后一道设于寨门口。这12道拦路酒分别是：第1道，恭喜酒；第2道，善良酒；第3道，勤劳酒；第4道，勇敢酒；第5道，聪明酒；第6道，美丽酒；第7道，明理酒；第8道，诚实酒；第9道，宽宏酒；第10道，长寿酒；第11道，富裕酒；第12道，美满酒。寨门是座小巧玲珑的木楼，一对牛角酒杯悬于门楼正中，两位身着盛装的村姑（或身穿古装的寨老）手捧牛角杯，向来客敬酒。客人千万别用双手接牛角，否则主人乘机一松手，那沉甸甸的一牛角酒便全归客人了。据说，从前也曾用羊角杯敬酒，如今这个风俗，在乌蒙山区苗族中还照样保留着。

进门酒　跨入寨门，行进在迷宫般的寨中小路上，洁净得令人惊讶。村路全用小石块铺成鱼骨形。屋前屋后，坎上坎下，悉以鹅卵石及形状相似、大小相当的石块铺墁、垒砌。无论客人进入谁家木楼，都会受到热情接待。客人光临，主人不是忙沏茶而是忙敬酒，有"跨一道门槛喝一碗酒"的习俗。

出门酒　客人进屋后，被迎至吊脚楼上，安排在"美人靠"上小憩。抬头仰望，但见檐下挂满包谷、高粱、小米、辣椒及鱼网、鸟笼等农家常见之物。室内放有纺车、织机、粑槽、酒甑等生产、生活用具。凭栏远眺，青山绿水，苍翠欲滴，云山雾岭，变幻无穷，令人流连忘返。在不得不离开这好客的人家时，还需再喝一次"出门酒"。

建房酒　修房建屋始终离不开酒：欲在某地建房，先从其地捏一团鸡蛋大小的泥巴，放在做甜酒的土坛中，以酒成与否作为能否在此建房的依据；选上某树作中柱，择日上山，一早带上酒、鱼、肉，面向东方祭树，然后挥斧砍伐，以倒向东方为吉；立房当天，由掌墨师傅向东祭鲁班，祭毕，木匠喝酒，主人喝酒，众人随之喝酒，方可动手立房。

踩铜鼓酒　逢年过节，男女老少在铜鼓坪上围成圆圈，顿地为拍，踏着有节奏的铜鼓声跳舞，俗称"踩铜鼓"。踩铜鼓也要喝酒。先将酒水喷在鼓身上，意为给铜鼓敬酒。然后由一位"全福人"，手持牛角杯，依次向敲铜鼓者及参加踩鼓的男女老少敬酒。先敬老年人，后敬中年人，再敬青年人。在敬青年人时，先敬插银角的，后敬戴银帽的，再敬着平装的，井然有序，皆大欢喜。

祭祖先酒　郎德苗家一般无神龛，仅在堂屋东壁上或东次间板壁上设置祖宗灵位。逢年过节及家有来客"打牙祭"时，必须先给祖先敬酒。有些人家，但凡喝酒、吃肉，都给祖先敬酒。

祭桥酒 桥本是水上交通设施，但郎德旧俗认为，桥既可保佑主人得子，又可消灾弭祸。因此，每家每户都有自己的桥。郎德上寨有各种各样的石桥、木桥40多座。在过吃新节、苗年，或生儿育女、家人有病时，均要以酒祭桥。

祭树酒 郎德村民特别钟情于树，实为环保意识的具体表现。一些具有再生能力的古树被村民视为"保寨树"，逢年过节以酒祭之。过苗年时，特别还要以酒祭果树。以为如此，硕果满枝。

扫寨酒 依旧俗，为免火患，每年冬季举寨进行一次"扫寨"活动。是日，家家户户将火熄灭，众人将寨子清扫干净后，聚集于寨前河滩上，各家就地用鹅卵石垒灶，分食为扫寨而宰杀的黄牯牛。夜幕降临，篝火熊熊，酒歌阵阵，场面极为壮观（详见"扫火星"）。

2. 婚礼酒俗

同许多苗寨一样，郎德上寨也将娶媳妇、嫁姑娘称为"喝喜酒"。不同的是，郎德上寨的婚礼酒分外热烈有趣。

提亲酒 通过多年游方，双方情投意合，分别禀报父母，延请媒人登门提亲。媒人必是夫妻双全、生儿育女、能说会道且与女方相识的中年妇女；若路途遥远，则请具备同样条件的男子充当。一般选择马、牛、羊或鼠日成行，于傍晚时分进入女家，笑称是来"找酒喝"的。女家心中明白，若是同意，以酒肉款待来者，并留其住上一夜。次日送别，蓄意留话："得空的话，下次再来。"若不同意，父母回避，或父避母陪，便饭招待，婉言谢绝。即使同意这门婚事，亦不立即应允，总得经过多次往返才告成功，以示其女身价不菲。

订婚酒 订婚当天，男方母亲邀请两三位亲属同媒人一道前往女家。女家邀请三五位族中男女作陪，举行"杀鸡看眼"仪式。若煮熟的鸡头两眼闭合一致，视为吉利，可以订婚，否则以为不吉，婚姻即行作罢。不过，煮熟的鸡，两眼一般都是紧闭着的，不会不吉利。有的人家，宾主合计选出五人，举行饮酒订婚仪式：头轮各自喝干，二轮交换喝干，三轮由来客中的一位能人连干五碗，以吐为是。若未呕吐，再灌几碗，到吐为止。吐后宾主连呼"唷！唷！唷！"意为"发达多育"。

迎亲酒 农闲时节，择鼠、马等吉日举办婚礼。新郎家于婚礼前一天，选派族中夫妻双全、家道兴旺的中青年人先到新娘家。婚礼当天，迎亲队伍到达后，即由新娘父辈中最大的两家分别设宴招待，而后回到新娘家。上述几家招待的气氛都特别热烈，通宵达旦方告结束。有的仪式稍简，但"迎亲酒"同样热烈：当迎亲队伍来到新娘家门前，每人必饮一牛角酒方可进家，而后宾主共饮，方接新娘出门。

送亲酒 新娘动身前，族中老少前来相送，并由其兄弟向新娘敬酒。有的农户，新娘家将鱼、虾和糯米饭放在竹质饭箱盖里，送给一位夫妻双全、生男育女的高寿老妇享用。用毕，将饭箱盖顺着送亲队伍行进的方向滚动，口中念念有词，祝愿新娘婚后与她一样幸福长寿。送亲队伍备有大量糯米饭，沿途赠予路人，共祝新婚吉祥。

进门酒 新娘来到新郎家门口，先迈左脚进门，并将事先点燃的火把踩灭，或将左脚踩在竹筛上，以为如此可以避邪。新娘进门后，由点火者或置筛者向其敬酒。随即，新娘在小姑子的陪同下，向祖灵敬酒。寨中男青年竞相向送亲的姑娘们敬酒。新娘及送亲人、接亲人都得喝"进门酒"，而且还是牛角酒。掌酒者必是家道兴旺、德高望重的"全福人"。

婚宴酒 当天下午，新郎家设宴款待送亲主客及各路贺客，众人围着长条木桌就餐。婚宴上，只有先来后到之分，没有尊卑贵贱之别。席间，新娘逐一向来客敬酒。新郎家并给每位来客赠送一团糯米饭和一大串肉，让其带回家，分给家人吃，共享"新婚之喜"。

新人酒 新郎家为酬谢各路贺客及寨中族人，在送走"送亲客"后，设宴款待之。众族人携带酒菜共饮，称为"吃新人饭""喝新人酒"。新娘再次向贺客及族人敬酒。接受敬酒的男客除回敬新娘小半碗外，并送少许礼金；女客则送棉布之类礼品。

谢媒酒 婚事圆满结束后，新郎家以一定数量的礼物馈赠媒人，一般是猪头一个，鸡或鸭一只，糯米饭一包，米酒一罐，称"谢媒酒"。

回门酒 从前，在举办结婚仪式当天，新娘即回娘家。有的则要等到12天后才回门。当天回门者，新郎家邀请全部贺客陪同新娘回家，带上各种礼品，前往新娘家喝"回门酒"。

六、婚恋文化

郎德上寨苗族村民历来十分重视婚恋教育，具体表现在从小注重孩子们的唱歌、跳舞、蜡染、刺绣等传统技艺的培养、教育。人们常说："后生不学唱，找不到对象；姑娘不绣花，找不到婆家。"其实，男女都得学会唱歌、跳舞，才能获得与异性交往的资格。歌舞水平如何，往往是情场角逐取胜的关键。为祝愿孩子们长大能有超群的唱歌本领，每当女婴出世，家长便用一种善叫小鸟的羽毛在其嘴唇抹一下，示意吃了鸟肉，长大跟鸟一样擅唱。女孩除了学唱歌，还得比男孩多学一些诸如纺纱、织布、蜡染、刺绣等方面的本领。人们通常把她们的穿着打扮，看成测量智商的"证书"。因此，从某种意义上说，女孩子学习女红的过程，也就是为自己准备嫁妆的过程。

1. 游方习俗

游方是雷公山地区苗族青年男女谈情说爱的基本方式。游方大多在农闲或节庆时进行。在苗年节、吃新节等苗族传统节日，游方是必不可少的活动，但与平时农闲的夜晚游方不同的是，节日期间的游方一般在白天进行。游方有固定的场所，这些场所可能在寨子周围的大树下、桥边或者是平缓的坡地等公开场合，如果在隐蔽的地方游方，一旦被人发现，就会认为是不正当的行为，受到社会舆论的谴责。在游方活动中，青年男女都不准污言秽语，更不能动手动脚。游方的时候，如果看到家人来了，必须马上回避。

平时农闲的游方一般在夜晚举行。这时未婚的单身男青年就会三五成群地游村串寨，来到游方场所，通过打口哨或吹木叶这些方式来发出讯号，呼唤姑娘们出来。听到小伙的呼唤后，姑娘们忙完家务就赶紧出来，然后大家互相介绍、认识，接着交谈、对歌。

苗族游方，主要是对唱情歌。以前苗族青年男女不会唱歌被认为缺乏社交能力，很难找到称心如意的伴侣；能歌擅唱则是聪明才智的表现，受到异性的尊重和爱慕。通过多次游方对歌，男女相互中意，就会互赠礼物"定情"。

2. 婚仪过程

苗族婚姻的缔结有恋爱、说媒、订亲、办婚礼、回娘家等过程。

恋爱，主要通过游方来进行。男女双方"游方"相处一段时间后，若双方有所了解，也情投意合，取得父母同意，就可以请媒人来说媒提亲。也有不用说媒提亲的，而是采取"偷亲"的形式，由女方偷偷嫁入男方家，造成婚姻事实，视为偷婚。

在郎德上寨，说媒得请当地德高望重、能言善道的人去女方家说亲。苗家人一般对媒人都十分热情，无论成与不成，均热情招待。

而媒人来到女方家时，往往也委婉地表明来意，要说是来家里找碗水喝或找酒喝。实际上，主客双方都知道此行的目的，彼此心照不宣。经过闲谈之后媒人就可以说明来意，此时女方家不管态度如何，都不能马上答应婚事，会委婉地告诉媒人考虑一下再给予答复。经过考虑，女方家一旦同意后，就会送媒人一只母鸡请他带回男方家，以示同意这门亲事。

订亲，在女方家同意之后，男方家就要请房族中的叔伯长辈一两个人带着一只母鸡，还有鲤鱼、糯米饭、肉、酒等礼物去女方家。女方家也请房族中的长辈来作陪。在此期间，双方觉得合适结亲，就商量彩礼钱和婚期。郎德苗寨的结婚吉日一般选在鼠、马等良辰。一般来说，郎德的婚礼都在农闲举行。

接亲队伍（李玉贵供稿）

到了双方商定的婚期，男方家就要找人去接亲。一般是请房族中的叔伯兄弟一起去，通常取单数。接亲队伍带上公鸭、鲤鱼、米酒、糯米饭和红伞等。带上红伞表示新娘嫁过去会儿女双全，子孙满堂，也意味着夫妻白头偕老、圆满吉祥。

等到新娘快到达男方家时，男方家要燃放鞭炮，以示欢迎。这时，须由男方姊妹来为新娘接伞，接伞时须用左手。接伞在苗寨文化中意味着传递幸福，也意味着将来儿孙满堂。新娘子到男方家门口时先迈左脚进屋，这样表示日后会生儿子。新娘进门的时候，新郎不能在场，需要回避。按当地人的说法是怕把他的灵魂踩走，会生病。

新娘进入到新郎家后，就要去堂屋拜祭新郎家的祖先，要用手抓一点糯米饭、鲤鱼等食物撒在地上，并滴几滴酒于地上，以示祭祀，也告诉祖先从现在起，她就是这个家里的一员了，希望祖先认识她并保佑她。祭拜完祖先之后新娘就要去水井挑水，一般是象征性地在水桶装几瓢（单数）水。新娘用左肩挑水回家，途中不准换肩。

为什么要举行挑井水仪式，而且所装井水的瓢数必须是单数呢？苗族人认为美神仰阿莎是从井水里出生的，而新娘嫁过来要去挑井水，是为了结婚之后子孙满堂。郎德苗族人在一些场合都喜欢单数。《苗族古歌》说："姜央拿把小弯刀，二个小小栎砧板，嘭嘭割肉在仓脚，剁得满满九大撮。撒在九个大山坡，这才得九支祖，七支公公沿河来。"《祭鼓词》也说："天和水相挨，二天涨九次，二夜翻九遭，鸟儿飞不到岸，老鼠钻不到底，五支公公住不稳，七个婆婆睡不安。"所说的"九支祖""七支公""五支公""七个婆婆"都是使用奇数。

新娘挑水回家后，就去新房里休息，等着婚宴开始，然后村寨男女老少去新房看新娘，凑热闹。婚宴开席前，亲朋好友就会来前来祝贺，并送上贺礼。以前送贺礼，妇女们一般送一升米或几尺布，男的则送礼金，现在则改为全送礼金。到了开席吃饭，要先请德高望重的长辈来念新婚贺词，再为新人唱祝福歌，唱完以后给新郎及其父母敬酒。之后大家就可以正式开席了。这时候，新娘要出来敬酒认亲，新娘给谁敬酒，谁就要拿点礼金给新娘。如果是新郎家的叔伯兄弟给新娘敬酒，要在酒杯或者碗里放上几块银元或者硬币，新娘喝干酒后碗里的钱就归她了。这种喝法称为"水干捉鱼"。

苗族传统中还有长住娘家的风俗，即新娘在男方家完婚后，要搬回娘家长住一段时间才返回夫家。随着时代的变迁，这种风俗已经有所改变。

七、礼俗文化

"入境问俗",欲去郎德上寨旅游,最好先对其"礼俗文化"有所了解。

郎德上寨苗族村民待客,只要遇到来人,不论认识与否,都要热情招呼。来人无论路过谁家门口,主人都会笑迎进屋。客一进屋,主人不是忙沏茶而是忙敬酒,有"跨一道门槛喝一碗酒"的习俗。如果事先得知贵客要来,村民便在村外设置"拦路酒",以"阻拦"客人进寨的特殊方式隆重迎接客人。

一家有客,众人款待,争先恐后邀至家中喝酒。将一家之客当作全寨之客来接待,邀到各家各户去喝酒,当地称为"闹寨"。农闲季节,有的连"闹"几天几夜,酒歌回荡山寨,别有一番情趣。

客人离寨之前,村民齐集寨门,举行饶有风趣的挂彩带、打酒印、拴红蛋等送客仪式。主人唱一首歌,客人喝一碗酒,然后给客人挂一根彩带,打几个酒印,拴两个红蛋,那热闹场面远远胜过陶翁幻想中的桃花源。

1. 寨外礼俗

在郎德上寨,途中迎面遇到来人,要主动打招呼,并为其让路。一般是空手的让负重的;下坡的让上坡的;年轻人让老年人;成年人让小孩子。

若是同向相逢,需要超过对方,得说声:"你慢慢走,我抢你的路啦!"让者停步靠边,说:"年轻人走得快,请上前吧!"若系动静相逢,行者要主动向坐者打招呼,坐者则请行者坐下,并将香烟或扇子之类递给对方,以示欢迎。

若在井边相遇,率先拿到水器者,主动舀给他人。喝完水时,要用净水涮一涮,再舀满水递给人喝。

农忙季节,给在野外干活的人送食者遇到行人,热情邀其共同吃饭、喝酒。"插秧的酒,打谷的饭",不分彼此。

在半路上"吃小酒"(订婚的一种仪式),主动招待路人吃喝。两支迎亲队伍相遇,新娘间要相互交换一只绣花鞋和一只银手镯,以示互不伤害,彼此皆好。

路上遇到有困难者,不论是否相识,都要积极帮助,接至家中,为其解难，并设法通知其家属；或脱险后将其护送回家。

2. 寨内礼俗

在村旁、门口遇到陌生人，真诚招呼进屋，热情留其住宿。客人进家食宿，主人视其家境热情招待而不收分文。从前，有些人家，煮两条鱼，头朝大门摆在堂屋里，请叔伯大爷陪客吃饭。客人如果动手拈了鱼，即表明愿与主人"打伙计"（即结拜兄弟）。于是，主人杀猪宰羊，请族人陪吃三天，并留下一些酒肉给客人送去。于是，客反为主，主反为客，又杀猪宰羊吃喝三天。先前为客而今为主的人家将一条带尾巴的猪腿回赠给对方。"留有尾巴"，表示长久交往。

出门远游，当天到达不了目的地，需在途中住宿，准备一点糖果即可投宿于任何家。如无糖果之类礼品，要多少给主人一点钱，但一般是不主张给钱的。主人对主动登门投宿的客人格外热情。第二天一早，蒸好糯米饭，请客人先吃。吃罢，又包一大团给他做"响午饭"（中饭）。如果主人接收了客人赠送的什么礼物，须回赠一条花带作纪念。

家有来客，主人需穿戴整洁，以示尊重。若是夏季，以泉水兑甜酒给客人解渴。若是冬季，将甜酒煮开待客。若是过苗年、吃鼓藏期间，还要煎（烧）糍粑热情款待来者。

贵客进寨，主人到寨门口迎接。若逢红白事，客人于寨门外放鞭炮、吹芦笙，通报主人出迎。主人迎客也吹芦笙、放鞭炮，热热闹闹地将客人迎进寨内，并将客人带来的礼物不落地地移到肩上或接至手中。

平时做客，不管交情深浅，均要携带礼物。礼物不论厚薄，切忌空手进屋。客人送来的鸡、鸭、鱼、肉、酒、糯米饭，主人必须用以待客。客人走时，主人须将客人送礼的容器悉数归还，并留少量食品作回礼。客人送来的鸡、鸭、猪、羊等，各留一后腿回赠给客人。客人送的糯米饭不作回礼用，另蒸新糯米饭送客人。

郎德上寨苗族村民素有热情好客的传统，对残疾人特别关照。夜间允许乞丐进家住宿。对那些遇到天灾人祸而处于困境的人，乐为资助，不计报酬。

吃饭时有人进屋，不论来者是谁，不管认识与否，都要招呼其用餐。来者须多少吃一点，吃不了可以剩，但不摸碗筷是不行的。如执意不吃，主人不高兴，以为客人嫌弃他家，怀疑他家有麻风病、母猪疯或者有当地人最忌讳的"蛊"。

在吃饭的时候来客，如果主人不热情招呼来者吃饭，任其坐在一边，或者只让客人吃饭，主人不添饭作陪，都是不礼貌的行为。

在与客人共餐时，主人只能后放碗，不能先放碗，否则意味催客人。当地民谚："催种不催吃"。"催吃"有违苗家礼仪。

与客人共餐一般都要喝酒。如果家中一时缺酒，借也得借给客人喝。客人是必须喝酒的，不论酒量如何都得喝，喝醉了主人才高兴。

主人向客人敬酒，宾主一样多。头两碗必须干，因为"你是用两只脚走来的"。第三碗，宾主碰碗，交换喝干。只要一碰就得喝干。一口干不了可分几口喝，但未干之前不能搁碗。然后主人斟酒客人挑选，再干两碗。如果喝不了，可以剩，说"小孩可以撒饭，老人可以剩酒"。假如主人再劝，客人不胜酒力，可以"久（酒）长久（酒）有"为辞作罢。

客人喝酒时一般不给碗接菜。主人劝菜直接喂到客人嘴中，或者放在客人手心上，迫使客人多吃、快吃。

吃饭前，主人要祭祖，客人也要用筷子沾酒数滴洒于地上。

家中来了客人，就餐时安排长者坐上方。"长者"就年龄而论，不按辈分。辈分虽低但年龄较大的长者也受辈分高年纪轻的人的尊敬，说这些老人"字辈不老骨头老"。年纪轻字辈高的人尊称年纪大字辈低的老人为"巴娄"（大伯），这本不合适，但当地风俗认为："一辈不合一辈合"，这样称呼也可以。

人们对老人十分尊敬。打牙祭时，将猪肝、鸭肝、鸡心、鸭心、鸡头、鸭头、翅膀、脚爪等敬给老人。如果其中有些东西吃不动，由老人分给中年人吃。尚未成家的青年人不能吃这些东西。

郎德上寨苗族村民对客人处处都显得非常尊重，递酒、递饭、递碗、递筷，甚至递烟，都用双手。晚上让客人先睡，早上比客人先起，烧好洗脸水，让客人先洗。在室内行走，要尽量从客人背后过。若非从前面走过不可，要对坐者说："得罪了，从你前面过。"

客人离开苗家时，主人不能马上关门，须等客人翻过山坳，不见人影，方能关门，否则以为把客人当作鬼怪对待。

3. 称谓礼俗

称谓很能反映郎德上寨的友善礼俗。

相识者按辈分称呼。晚辈称呼长辈，不能称其名字，一个字也不行。但多位长辈在场时，可带一个字，以防混淆。

长辈称晚辈，可直呼其名，但一般也只称呼一个字。长辈可随自己的孩子称呼晚辈，如儿子称对方为哥，长辈也可称其为哥。

在路上遇到不相识的人，要热情、主动打招呼。晚辈或同辈遇到四五十岁以上的陌生男人，尊称其为"告"，即爷爷的意思。如果对方年龄不太大，称之为"爷爷"是站在自己的子女的立场上对对方的尊称。遇到四五十岁以上的陌生妇女通称为"务"，即"奶奶"的意思。

后生相遇，互不相识，彼此称"恰"，意为老表。姑娘称姑娘为"娃"，意为表姊妹。后生称姑娘为"阿客"，意为表妹。姑娘称后生为"布客"，意为表哥。

老年人称陌生的后生为"布"，意为哥；称陌生姑娘为"阿"，意为姐，这是长者站在儿女的立场上对后生和姑娘的爱称。

八、节日文化

贵州每年拥有各种民族节日集会1000多次（处），人称"天天都过节"。众多节日大致可以分为季节性、纪念性、祭祀性三大类。郎德上寨的节庆活动几乎都是围绕农业生产进行的，具有鲜明的季节性。其主要节日有：祭桥节、开秧门、关秧门、爬坡节、吃新节、洗谷斗、苗年、扫火星、吃鼓藏。

1. 吃新节

普天之下，举凡过节都要好生吃一顿，民间叫作"打牙祭"。而苗族同胞几乎就把"吃"作为过节的同义语，诸如"吃年"（过年）、"吃鼓"（吃鼓藏，旧译"吃牯脏"）、"吃新"、"吃姊妹饭"等等。其中尤以"吃新"最为有趣。

"吃新"又叫"吃新节""吃秧苞""吃新米""尝新节"……名称虽大同小异，"吃"法却各具特色。

居住在苗岭山区清水江畔的郎德上寨苗族同胞，在水稻发育孕穗的阴历六月过"吃新节"。六月头卯，家家户户备办香纸鱼肉等祭品，竞相外出祭田，并从田中摘取秧苞，回家蒸熟"尝新"。品尝之前，细数谷粒，如发现谷穗短，谷粒少，预示要减产。于是，适时采取补救措施，加强田间管理，补种山坡杂粮，以免来年受困。"吃新节"，从某种意义上说，具有"抽样调查"预测丰歉的作用。

居住在武陵山区沅江上游古称"五溪"地区的苗族同胞，在早稻成熟开镰收割的阴历七月过"吃新节"。"吃"的是真正香喷喷的新米饭。有趣的是，家中来了客人，主妇有意在新米中放进一把陈年旧谷，同新米一起煮熟待客。客人享用这种稀奇古怪的新米饭时，不得不边吃边拣谷子，连声叹道："谷子好多啊！"主人闻言大喜，连声道谢："拣你的贵言！拣你的贵言！"众所周知，"谷子多"是大好事，说明家有余粮。

居住在苗岭南麓都柳江畔的苗族同胞过"吃新节"，在吃"香糯米"饭时，还要同时吃新包谷、新辣椒、新豇豆、新苋菜等新鲜蔬菜，尽情享受收获的喜悦。

居住在乌蒙山区的苗族同胞，由于地处高寒，季节较晚，要推迟到深秋乃至初冬才过"吃新节"。与其杂居的仡佬族同胞，在苗族同胞兴高采烈过"吃新节"的时候，可从苗胞田地里摘取谷物祭祖，苗胞不仅不恼，反而因此喜悦。他们认为，仡佬族是最早开发乌蒙山区的古老民族，自己的劳动成果能被仡佬族同胞当作祭品供奉创业者的亡灵，是件令人惬意的事。此举生动说明，贵州各族人民自古以来就是和睦相处的。

各地苗族同胞过"吃新节"，都要开展丰富多彩的文化娱乐活动，诸如跳笙、对歌、赛马、斗牛等等。在郎德上寨，每到"吃新节"，都要像过"苗年"一样，举行盛大的斗牛活动。

郎德上寨斗牛，不让牛打死架，一般不分输赢便拉开了。目的在于娱乐并展示牛膘。从某种意义上说，吃新节也可以称为"赛牛节""亮膘节"。

2. 过苗年

郎德上寨苗族同胞至今仍保留"以十月为岁首"的周代纪年法。每年农历十月，苗寨一派欢腾，开展极富民族特色的辞旧迎新活动：

宰杀年猪吃庖汤 苗胞认为，虎克猪，虎日是杀猪的好日子。因此，农历十月的第一个虎场天，家家户户杀年猪。是日一早，杀猪之声不绝于耳。谁家最先传出杀猪声被视为勤劳、富有、贤惠的象征。杀年猪时，三五家至亲为一伙，彼此帮忙，既帮杀猪，又"帮"吃喝。猪的每个部位都割一点，放在一锅煮，叫作"吃庖汤"。到一家吃一家，吃了才吉利。

打糯米粑堵鼠洞 翌日属兔，家家户户蒸糯米饭、打糯米粑（糍粑），全天以其为主食。此日被视为旧年的最后一天，相当于汉族地区的除夕。

苗俗认为，兔日吃糯食可以堵鼠洞，能防耗子糟蹋粮食。

男人做饭女人睡 "除夕"晚上不守夜，且睡得较早。鸡叫过后，男人起床，杀鸡做饭，并用钱纸贴在吊脚楼内的"岩爹"、"岩妈"、"保爷"、祖灵、门楣、炉灶、猪圈、牛圈、农具、碓磨和村头寨尾的"岩菩萨""保寨树""保爷桥""保爷凳"等部位上。苗胞认为，上述种种物体皆是有灵之物，都能给人带来福气，也能给人造成灾难，逢年过节，虔诚祭之，可禳灾祛祸。

祭祀果树牵牲口 在五花八门的祭祀活动中，祭祀果树十分有趣，时间在龙日凌晨。天亮之前，户主带一男孩，一叠钱纸，一包糯米饭，一只破草鞋，一把砍柴刀，悄悄出门，让男孩爬到果树上喂饭、贴纸、挂鞋，大人在树下以刀背敲击树干大声问："结不结？"孩子在树上大声答："结！""大不大？""大！""甜不甜？""甜！""落不落？""不落！不落！"问答完毕，孩子跳下树，就地捡砣鹅卵石，用预先准备的草绳捆绑好，当作牲口"牵"回家，放在堂屋东壁下，虔诚供起来，祝愿六畜兴旺。

爬上楼梯梳新头 男人们做完上述祭祀仪典，天已蒙蒙亮，遂将妇女们唤醒。姑娘及年轻媳妇起床后，立即爬上楼梯梳"新年头"。她们认为，梳了新年头，头发才肯长，便于插银角。

不泼脏水不扫地 龙日是新年的第一天，犹如汉族大年初一，照例不泼水、不扫地，否则怕"财喜"外流。但苗胞只忌上午，过了中午就解禁了。

不摆桌子不用筷 苗胞的"年饭"在龙日早上吃，食品特别丰盛，吃法也很特殊。鸡鸭鱼肉，一应俱全，其中鲤鱼必不可少。鱼在苗胞眼中不是"年年有余"之意，而是"祖宗喜欢吃鱼"。为了适应祖宗的习惯，所有食品摆在地上，不用桌子。餐具也尽量使用土陶、葫芦、蚌壳之类老古董。有的沿用古规，不用筷子，徒手抓吃。以为如若不然，祖宗享受不了。祭祖之前先敬牛，让牛吃饱喝足家人才能用餐。在苗胞心目中，耕牛与祖先一样值得尊敬。

不泡菜汤不吹气 吃"年饭"时，饭再干也不准泡汤，菜再烫也不能吹气，否则，怕山洪冲垮田坎，山风吹倒庄稼。这顿"年饭"除了干饭还有稀饭。据说喝了稀饭，来年雨水包好。

不唱酒歌不嬉戏 家人吃"年饭"，不唱敬酒歌，大概是家人之间互不嬉戏之故。对外开放以后，郎德上寨有所变化。苗年期间，中外游人纷至沓来，进寨观光考察，常被村民请上吊脚楼，共饮苗年酒，此时少不了要唱敬酒歌。苗宴席间敬酒，宾主一视同仁。但在敬客人和家人中的婶婶、嫂嫂等人时，要比敬父母和叔侄兄妹更热烈、更放肆。

彼此串门闹寨子 吃过"年饭"，彼此串门，互祝新年，饮酒作乐，称为"闹寨"。一般是男人出门随意"闹寨"，女人在家接待来者。女人也可外出"闹寨"，但必须走在男人后面，否则主人不悦。这种"闹寨"活动，从龙日至羊日，连"闹"四天。

喜办婚宴娶媳妇 "闹寨"期间是办婚宴、娶媳妇的黄金时刻。一则时值农闲，二则有吃有喝，气氛极其热烈。有些新娘是背着父母"私奔"的，同样受人尊重，毫无歧视之意。

脚踏鼓点跳芦笙 苗年第七天属猴。猴子敏捷，象征健康。村民于猴日将室内吃喝"闹寨"转为室外踩鼓跳笙。是日下午，保管铜鼓的"文化寨老"用香蜡纸蜡、鸡鸭鱼肉、鞭炮米酒祭铜鼓，称为"醒鼓"，将其"请"到铜鼓坪，挂在牛角形鼓架上，率先围着铜鼓跳三圈。之后，其余村民及外寨来客陆续入场，踩着鼓点跳舞，苗话叫"刍几刍略"，其意是"踩鼓跳笙"。

赠送花带结连理 从猴日到鼠日，接连五天在铜鼓坪上踩铜鼓、跳芦笙。跳到鼠日下午，举行"讨花带"仪式。客寨后生吹着芦笙向主寨姑娘讨花带。苗族芦笙会"讲话"，声声夸姑娘。姑娘落落大方地将亲手织绣的花腰带拴在意中人的芦笙上。得了花腰带频吹感谢曲，然后在欢歌笑语中互换信物（详见"鼓笙文化"）。

游方场上寻友谊 在"刍几刍略"的五天中，白天，男女老少在铜鼓坪上踩铜鼓、跳芦笙，晚上，青年男女在游方场上唱情歌、交朋友，通宵达旦，乐而忘返。

半夜鸡叫祭田地 前来游方的外寨青年须在鼠日晚上鸡叫前离寨回家。鸡叫过后，寨中当家男子，用撮箕端上少许油盐、葱蒜、牛粪及枫香树枝、细毛竹、芭茅草等祭品摸黑出门祭田，其间不能遇见生人或妇女。同是祭田人，最好别相遇。万一相遇，别打招呼，以免得罪田神。用油盐祭田，意为田地有灵，同样要"打牙祭"。牛粪显系施肥，而以竹子、枫香树枝及茅草等祭田，则是祝愿庄稼像竹子、枫香树一样高，谷穗跟茅穗一般长。

漱口酒后可耕田 男人们祭罢田地，回家做饭，如同龙日凌晨。为什么这两顿饭要由男人做？男人们说，这两顿饭很重要，必须要由他们做。女人则说，一年到头都是她们做饭，过节这两天该她们休息，由男人服侍。这天属牛，祭了田地就可下地干活了。事实上，还要再"闹"一天，最后喝杯"漱口酒"。喝罢"漱口酒"便进入了新的一个生产年度。至于春节，他们不过，因为那是"客家年"。

3. 扫火星

"扫火星"又称为"扫寨"，意在驱逐"火鬼"，确保"火不烧寨"。

居住在苗岭山区的苗族村民，祖祖辈辈以杉木为柱，杉板为壁，有的还以杉皮为"瓦"，对于他们来说，"火神"既亲近又可怕。在苗语中，鬼神是不分的，人们认为，坏鬼为"鬼"，好鬼为"神"。郎德上寨苗族同胞认为，在形形色色的鬼神中，"火神"地位最高，威力最大。村民世代相传，世上最初有72个寨子，每寨72家，后来被"火鬼"烧了70寨，幸存的两个寨子，又各烧了71家，仅剩两家。人们为了生存，不得不向"火神"献上最为虔诚的敬畏。

郎德上寨"扫火星"，时间是过完苗年后的农历冬月第一个龙场天。是日一早，举寨大扫除，把一切废弃物统统清除烧掉。吃过早饭，寨里选出的17位家道兴旺、德高望重的"全福人"在"巫师"带领下，每人准备一个土碗、一束辣椒、一把菜刀、一壶米酒，用竹篮或鱼篓之类提到"岩菩萨"前。"巫师"除准备上述物品外，还要特别带上一束绿茵茵的芭茅草和用稻草、棕片扎成的"火鬼"。"火鬼"有头有脚，状如一只巨蜥，又像一头野兽。"巫师"头戴草帽，帽顶插缕青麻。麻代表胡子，意为年迈胡子长。在苗族村民看来，胡子长，头发长，是德高望重、长命百岁的象征。

祭祀活动开始前，将17个土碗和用树叶叠成的小"碗"，分别摆成一字形，内侧放一碗米及两个陶质酒海。筹备就绪，"巫师"蹲在地上，左手拿着芭茅草，以抑扬顿挫的语调滔滔不绝念祭词，并不时用右手拈米撒在地上，打卦占卜。约一个小时后，参祭人员开始往碗内斟酒。酒满，围将上来，端起酒碗，蹲地共饮。祭场附近，一只小鸡和一头黄牛静静地待在一旁，这是村民集资买来扫寨的。

岩菩萨前祭祀完毕，逐家逐户灭火。灭火用的水非同寻常。事先由一名生辰属龙名字也叫龙的中年男子，挑来两桶漂着浮萍的干净水，然后由一位老者将一瓶"老水"倒入水桶内。"老水"是祖宗留下的。早年，寨中老人于山野僻静处露天埋一土罐，将水盛于土罐内，长期保存，经年不涸。

众人喝干碗中米酒,"巫师"手持"扫帚"(即芭茅草)、米碗及竹卦,挨家挨户扫火星。"巫师"边走边念边撒米,每到一家,先在门口打几卦,然后进屋扫炉灶、扫火塘。那属龙的人挑着兑上"老水"的浮萍水,跟着"巫师"逐户淋火。一群手持木棍的村童,在炉灶、火塘胡搅一通,象征灭尽旧火,驱走"火鬼"。这期间,留下一人守护祭场,并在各个路口插上用芭茅草绾成的草标,分别派人把守,不许外人进入,称为"封寨"。封寨期间严禁用火,寨内一片清凉。

扫完全寨,那17位全福人在"巫师"带领下,将祭场迁至河对面,意为以水隔火。同时将祭牛拉到沙滩上宰杀。在此过程中,派人到河对面的寨子讨新火,就地用鹅卵石垒灶,用讨来的新火将牛血及肠肝肚肺熬稀粥。

大部分牛血用以熬粥,小一部分逐个注入树叶"碗"中,并将剔下的牛头下颚骨及"火鬼"朝东放在河滩上。"巫师"面向东方念祭词,不时撒米、打卦,而后将鸡杀死,把血滴在地上。村民认为,滴了鸡血,布下防线,寨泰民安。做完这一切,算是用一头牛、一只鸡将"火鬼"送走了。

祭祀完毕,粥也熟了,参祭人员围着祭场喝酒,吃杂烩粥。村民隔岸望见烟火,纷纷走下吊脚楼,跨过独木桥,兴高采烈接新火。傍晚时分,竹木掩映中的苗寨升起了袅袅炊烟。但这天傍晚只蒸饭,不烧菜,原因是那17位"全福人"杀了牛,面向东方送走"火鬼"、迎来新火之后,将牛肉、牛骨一堆堆均匀分好,当各家各户捧着蒸好的糯米饭,扶老携幼来到河滩时,可任选一堆骨肉,就地用鹅卵石垒灶野炊。

入夜,寨脚河滩上火光熊熊,酒歌阵阵,热闹非凡。人们吃饱喝足后,将骨头丢进河里,用溪水将碗筷洗净,让牛骨头与洗碗水跟着"火鬼"回到苗族先民居住的东方去。月色中,山溪畔,邻里间彼此祝福:"来年火不烧寨,水不冲田,家家打谷一百二十仓,人人活到一百二十年。"

"巫师"用以扫寨的芭茅草,事后被高高捆绑于村东大树上,以为如此,可能引起火灾的"火鬼"便不能回寨作祟了。

实际上,每年冬月扫火星是一年一度的安全大检查、消防总动员,芭茅草在扫寨过程中起到了"前茅虑无"的作用。

4. 吃鼓藏

吃鼓藏，苗语叫"农略"，即"吃鼓"之意。有的苗寨，将吃鼓藏称之为"做鼓"。"吃"与"做"均含"过"或"欢度"之意。

古代苗族社会以"鼓"为基层组织，每个家族即为一"鼓"，且有真鼓作标志。每当祭祖，同时祭鼓，于是鼓逐渐变成祖先的替身。祖先有男有女，祖鼓有公有母，分别称为虎鼓与龙鼓，或龙鼓与凤鼓。其称谓因时代、地域甚至家族的不同而略有区别。但有一点是一样的，即吃鼓藏时一定要杀牛，而且必定是水牯牛。至于如何杀法，即到底是用斧头敲脑壳，还是用马刀砍脖子，或是用梭镖刺心脏，因地而异。发展到如今，郎德上寨已将"牛鼓藏"改为"猪鼓藏"，即将杀牛祭祖改为杀猪祭祖。据说"咸同起义"失败后，为恢复生产，保护耕牛，遂有此改变。

郎德上寨吃鼓藏，12年1次，每次过3年，最后一年必须在猴年。具体过法是：马年开始过，连续过5天；羊年接着过，连续过7天；猴年连续过9天。

吃鼓藏与过苗年有同有异。其主要区别是，前者须在"巫师"带领下，众人抬着铜鼓到后山上"接龙"。"巫师"用12碗米酒，12个鸭蛋，面向东方祭祖先，并将大米撒于地上，复用小锄将地上的米粒与泥土一并挖出，装入鱼篓内，然后跟着一只用麻绳穿住鼻子的鸭子，浩浩荡荡返回村寨。鸭子朝前走，"巫师"跟随其后，抬铜鼓者及众村民亦步亦趋跟着走，其间铜鼓不能着地。

与此同时，选派四位"全福人"，分别前往东、南、西、北四座山头，以同样手段，挖取带米的泥土，背回寨中，群集于鼓藏树下，全部倒在一起。在"巫师"念完祭词后，12位鼓藏头端起土碗喝酒，祭祀仪式到此结束。而后全寨每户分领一堆猪肉，一捧有米的泥土和几个用白皮纸剪成的小人，高高兴兴返回家。将小人置于大门口，将泥土用布袋装好挂在堂屋东壁祖灵下。有人，有土，有米，意为兴旺发达，欣欣向荣。

傍晚时分，众人手端土碗，来到老鼓坪上，争先恐后分吃用大米与河虫熬煮的稀饭，称"吃鼓藏饭"。据称，吃了河虫稀饭，人人健康长寿，户户五谷丰登。

饭后开始在老鼓坪上跳舞，称为"起鼓"。从前人少，即在此踩鼓过节。后来人多了，老鼓坪容纳不下，改在新鼓坪上活动。但必须先在老鼓坪上"起鼓"，否则认为请不到祖先。

郎德上寨 LANG DE SHANG ZHAI

招龙仪式（李玉贵供稿）

吃鼓藏踩铜鼓，必定要用"鼓藏树"悬挂铜鼓。鼓藏树必定要用再生树，且树干分枝，枝上带叶。枝繁叶茂象征生生不息，发达兴旺。

吃鼓藏的第二天，宾主痛饮，称为"闹寨"，吊脚楼上，酒歌阵阵，热闹非凡。

第三天，12位鼓藏头，在"巫师"带领下，抬着铜鼓，吹着芦笙，挨家挨户游行，谓之"送龙进家"。每到一家，房东以酒肉款待，共祝风调雨顺、人寿年丰。

从第四天即猪日开始，直至第九天即龙日结束，全寨男女老少与四里八乡来客，身着节日盛装，在铜鼓坪上手牵着手"踩铜鼓"。人太多时，鼓坪容纳不下，移至河沙坝上活动。人们认为，12年踩一次铜鼓，至少可再活12年。许多高寿老人，将寿衣穿在身上，除炫耀儿女孝顺外，还有追求长寿的用意。

为什么吃鼓藏？郎德上寨代代相传：古时人与老虎同住在一个山洞里，老虎常常偷吃人们的猎物，并变成美女，骗取青年猎手与其成婚。猎手得到受难老人的指点，杀死了老虎，救出了老人。老虎的父母为给儿子报仇，于猴年猴日吹笙击鼓，招引众人，欲乘机抓住猎手。因有水牛保护，老虎未能得逞，只好逃回深山，远远地离开了人类。从此以后，人们在水牛的陪伴下，过上了安居乐业的生活。由此可见，吃鼓藏是农耕生活取代渔猎生活的里程碑。

九、鼓笙文化

苗族是个能歌善舞的民族。在丰富多彩的苗族舞蹈中，尤以木鼓舞、铜鼓舞、花鼓舞、芦笙舞最为动人。而上述四种舞蹈都离不开鼓与笙，由此形成别具一格的"鼓笙文化"。

1. 木鼓舞

在苗族"三鼓"中，木鼓是最古老的。它以整木剜空而成，长2米许。当初，木鼓不蒙牛皮，用槌敲击鼓身，咚咚作响，沉闷浑厚。后来虽然两头蒙上牛皮，有的甚至利用木板拼镶鼓身，但仍保留早期木鼓形制：鼓面奇小，鼓身特长。

木鼓被认为是祖先的化身，并有公母之分。在最隆重的祭祖活动吃鼓藏时，苗胞身着节日盛装，围着木鼓跳舞，称为"踩木鼓"。节日过后，将鼓珍藏于山野僻静处，或藏于寨内专门修建的木鼓房中。木鼓房又叫"祖鼓房"。有的苗寨于公鼓上放置木雕男性生殖器，母鼓上放置木雕女性生殖器。

祖鼓房是极为神圣的地方，不能随便进出。如今仍保存有几对"祖鼓"的台江县反排寨，其村民木鼓舞跳得特别好，曾在国内外多次表演过，被人誉为"东方迪斯科"。郎德上寨一位姑娘曾参与在美国华盛顿州举办的"四国艺术节"，多次表演"东方迪斯科"，引起很大轰动。如今郎德上寨，常用木鼓舞招待客人。

2. 铜鼓舞

铜鼓是青铜时代的产物。原本是炊具，后来演变成象征权力的重器。最后成为苗、瑶、壮、布依、水等少数民族的乐器。

铜鼓也有公母之分。苗寨铜鼓由家道兴旺、德高望重的"全福人"家珍藏。到了要踩铜鼓的时候，由户主将鼓"请"到铜鼓坪，悬于牛角形铜鼓柱上，以甜酒祭鼓，称为"醒鼓"。鼓醒之后，必由管鼓老人率领家人围着铜鼓转三圈，其他村民才能陆续登场。跳这种节奏缓慢、舞姿稳健、表情严肃的集体舞蹈，常以铜鼓，芒筒、芦笙配合伴奏，舞者身着五彩缤纷的服装，佩戴琳琅满目的银饰，逆着时针反向跳。从前，只在农历十月过苗年和12年一次的吃鼓藏才跳铜鼓舞。如今在被当作"露天苗族风情博物馆"对外开放的郎德上寨，常用"芒筒芦笙铜鼓舞"接待客人，场面十分壮观，气氛异常热烈，深受游客青睐。

铜鼓坪（雷山县委宣传部供稿）

3. 花鼓舞

"花鼓舞"又叫"打花鼓"，是居住在武陵山区的苗族同胞最为喜爱的一种文化活动。春节期间，男女青年出寨互访，主寨将大鼓横置于路上，迫使异性来客与其对打"拦路鼓"。如来者不会打花鼓，或者跟不上节奏，得从鼓架下爬过去，甚至从主人胯下钻过去。当然，这种情况不会发生，因为没有不会打花鼓的。

花鼓动作多与生产、生活有关，如插秧、薅秧、打谷、挑水、纺纱、梳头等等。舞者动作敏捷，舞姿幅度很大，令人眼花缭乱，故有"花鼓"之名。如果模仿猴子的动作打鼓，则称"猴儿鼓"。猴子是苗族村民的一种自然崇拜物，认为打了猴儿鼓便不会生病。在旅游接待中，郎德上寨苗族村民，时不时也表演向松桃苗族同胞学来的花鼓舞。

4. 芦笙舞

贵州许多少数民族都有芦笙，若论普及程度，恐应首推苗族。特别是在苗岭山区，几乎家家有芦笙，人人会吹笙。苗族芦笙有大有小、有长有短，长的两丈多，短的不足尺。大的只能吹，不能跳。只吹不跳叫"吹芦笙"。自吹自跳叫"跳芦笙"，人吹己跳叫"踩芦笙"。跳芦笙、踩芦笙均属芦笙舞。芒筒、芦笙配合使用则叫"芒筒芦笙舞"。加上木鼓或铜鼓，叫"芒筒芦笙木鼓舞"、"芒筒芦笙铜鼓舞"。

芦笙舞的种类很多，其中"技巧芦笙舞"特别精彩。操苗语西部方言的苗族同胞在"跳花节"上表演的技巧芦笙舞，有"锦鸡舞""滚山珠""爬花杆"等名目。

跳"锦鸡舞"时，舞者身穿织锦衣，头戴雉尾帽，模仿锦鸡的动作，边吹边跳。一对对"锦鸡"，时而互相依偎，时而彼此逗打，你败我追，十分有趣。

"滚山珠"是一种难度很大的舞蹈。舞者手捧葫芦笙，疾吹快跳，前后翻滚，头手倒立，笙音始终不断。

"爬花杆"更是一种绝活。表演者吹着芦笙，爬上顶端系有红绸的花杆，用嘴将"花"衔下，而后吹笙下杆。在离地一人多高处，突然松手，翻身跳下，芦笙仍在呜呜作响。

郎德上寨迄今还保留有类似"金鸡舞"的"斗鸡舞"，同样诙谐有趣。

苗族芦笙会"讲话"。苗族后生在芦笙场上吹着芦笙"讨花带"，声声夸姑娘，曲曲诉衷肠，情意绵绵，优雅动人。如果讨不

芒筒声声（李玉贵供稿）

到花带，芦笙会骂人："姑娘哎，你为什么这么笨？长得白白嫩嫩，穿得

干干净净，就是不会织花带，看你怎么嫁得出去啊！"

十、崇拜文化

郎德上寨苗族村民，除普天之下无所不有的祖先崇拜外，对动物、植物和其他自然物以及方位、数字、图谱等等，还有诸多崇拜习俗，多侧面、多层次反映苗族同胞的文化理念，不妨将其统称为"崇拜文化"。

1. 祖先崇拜

任何民族都崇拜自己的祖先。但郎德上寨苗族村民一般不设神龛，只在吊脚楼二楼明间中柱旁或东次间的中柱旁板壁上，钉上一块小木板，旁挂两支小竹筒，用以搁置小酒杯和祭祖时插香——这便是祖先灵位，相当于汉族的神龛。

家境较好的农户，高寿老人临终留下遗嘱："我想要一头牛！"于是，家人遵嘱杀牛治丧，刻意留下牛角，与生前遗物同置于吊脚楼明间东壁下。如果家境欠殷，亦可宰羊治丧，留下羊角作纪念。在郎德上寨苗族村民看来，此类畜角便是祖先的灵位。如果下一辈人故去，只要条件允许，同样宰牲治丧，以新角取代旧角。

苗寨所谓的祖先，主要指的是有血缘关系的先人，但有时也转意为其他崇拜对象，诸如蝴蝶、葫芦、铜鼓、东方等等。这些动物、植物、器物及方位，常被郎德上寨苗族村民视为自己的祖先，或者祖先的象征。

2. 蝴蝶崇拜

在汉语中，蝴蝶的"蝴"与"福""富"谐音，蝴蝶因此被视为福、富的象征。绘画或镌刻五只蝴蝶围绕一个图案化的"寿"字，称"五福捧寿"，此举多见于山墙壁画上、窗棂木雕上及水缸石刻上。此类蝴蝶多半形似蝙蝠，有的即为蝙蝠。

蝙蝠与蝴蝶，不仅"蝴""蝠"音相似，而且两者形象亦颇为相似。因此，在苗族同胞眼里，"蝴蝶花"又可称为"蝙蝠花"。将蝙蝠作为"福"意使用，装饰在建筑物上，多半头朝下，人说蝙蝠头脑含金，因而头重脚轻，故休息时呈倒挂状。其实将蝙蝠倒刻及将"福"字倒贴，乃取"福到"之意。

历史文献载，蝙蝠与蝴蝶皆可入药，有延年益寿之奇效。由是，蝴蝶又含有寿意。然而，苗族村民则认为，蝴蝶、蝙蝠及胡子，均有"胡"音，可寄托对长命百岁的期盼。对于男性村民来说，年纪大者胡子长，胡子长者年纪大，胡子乃长寿之标志。因此，"蝴蝶花"又可称为"胡子花"。其实，在汉文化中，蝴蝶亦被视为长寿的象征，此乃缘于"蝶"与"耋"同音。一般认为，人活到八九十岁，便可称为"耄耋之年"了。

郎德上寨苗族村民喜欢蝴蝶，崇拜蝴蝶，除了受《蝴蝶妈妈》故事的影响外，可能主是因为蝴蝶种类繁多且十分美丽。钟情蝴蝶，模仿蝴蝶，刺绣蝴蝶，将"蝴蝶花"穿在人身上，不失为仿生学在服饰文化中的运用。

苗族同胞崇拜蝴蝶，还有一个特别重要的原因，那就是蝴蝶产卵多，繁殖快，是生殖崇拜的又一理想对象。历史上，苗族同胞备受战乱、播迁折磨，人口急剧减少，在那些悲惨的年代，苗族同胞为了民族的生存，渴望迅速添丁加口，本是无可非议的。

3. 水牛崇拜

祖祖辈辈种植水稻的郎德上寨苗族村民，长期与水牛为伍，在创造农业文明的同时，令人惊讶地创造出丰富多彩的牛文化。

4. 鱼崇拜

在汉语中，鱼与余同音，故鱼备受青睐。人们将莲、鱼组合成图，寓意"连年有余"。但在郎德上寨，村民并非都说汉语，都能取得"连年有余"之效。他们喜欢鱼，甚至崇拜鱼，有更深刻的社会、历史原因。总的看来，既是渔猎生活的反映，又是生殖崇拜的表现。郎德上寨的鱼文化，广泛蕴藏在饮食、生产、家具、服饰、建筑、婚礼、节日、村规、祭祀等方方面面，堪称"崇拜文化"百花园中的奇葩。

十一、禁忌文化

人们在生产劳动、社会交往、饮食起居中，逐渐养成许多禁忌习俗，久而久之，演绎成一种文化。文化属于历史范畴，会或迟或速发生变化。郎德上寨的禁忌文化，有的部分已不复存在，但绝大部分保留至今，是每

个前往郎德上寨参观、考察的远方客人不能忽视的。择其要者,简述如下:

室内不准打口哨,尤其是晚上,否则认为会"招鬼进屋"。

在室内不准戴斗笠。在芦笙堂、铜鼓坪上,也不能披蓑戴笠。

不能用脚踩踏炉灶和火堂中的铁三脚架。

夜晚,灶上不能放置任何物品。如果锅里没有食物,不能盖锅盖,意为"让灶休息"。

不能把筷子插于饭碗中,否则认为"像挂清",不吉利。

吃饭时不能换碗,否则认为会丧偶或离异。也不能用筷子敲碗和用饭瓢敲击锅子或饭甑,否则"像个叫花子"。

饭桌上不能覆碗,也不能覆杯,因为那样"像坟堆"。

锅盖、甑盖和床铺都要竖放,即与大梁垂直而不能平行。此俗源于苗家办丧事时将死者横停于堂屋房。同理,小孩不能横卧门槛,否则,大人发现后,要立即将其抱走。

儿媳妇的卧室,公公不能进。舅爹、外公不能进姑妈的卧室。舅爹不能睡姑爹、姑妈睡过的床。姑爹也不能睡舅爹、舅妈睡过的床。如果实在无床可睡,打地铺睡,或者通宵烤火不睡觉。

夫妇外出做客,不能同宿,如若不然,有辱房东。

姑爹不能爬舅家的果树。舅家立新房,姑爹来帮忙,不能上楼,只能在地上做些辅助性劳动。

外婆不能给自己的女儿接生。外婆、舅妈以及出嫁了的姑妈不能进产房,认为会影响"来奶"。

产妇临盆前,家人于大门口扎一草标,示意"外人莫人"。三天之后拆除,外人方可进来。在这三天之内有事,只能叫主人出来,在室外或他人室内相会。在此期间,不借东西给外人。一切东西只能进,不能出,即使欠账,也暂不用还,须等解禁后再说。

来看新生婴儿,忌说夸赞言词,讲些难听的话,以为如此"易长成人"。

孩子的脐带须妥善保存,不能乱丢。

不能用热灰盖童尿,更不能朝火塘中撒尿。

婴儿用过的碗筷,未洗之前,不能拿给大人用,意为产妇的奶水不能弄脏大人的嘴巴,尤其不能弄脏公公的嘴巴。洗这种碗筷的洗碗水不能喂牛,只能喂猪,因为牛与人一样受到尊重。

专门给产妇做的饭菜,如果吃不完,只能拿给晚辈吃,或给平辈吃,绝对不能拿给长辈吃。

小孩换牙,丢在床下,并说:"耗子耗子,同你换牙,坏牙给你,好牙给我。"

剃下的头发放在干净处,或者僻静处,不得随地乱扔。更不许用脚踩,否则为"侮辱人"。

过苗年的龙场天,相当于春节大年初一,上午不准扫地,不能泼水,否则怕"财喜"外流。是日吃早饭,饭再干也不准泡汤,菜再烫也不能吹气,否则,怕山风吹倒庄稼,山洪冲毁田坎。

牛角祖灵,不能乱动,否则,怕得罪祖先。

未成亲的青少年,不能参与掏井活动,否则,怕得罪井神。

年轻人不能背向祖灵坐。郎德上寨苗族祖灵相当于神龛。背向"神龛",有辱祖先。

不能在保寨树下随意便溺,也不能在保寨树下说脏话,更不能攀爬、伤害保寨树。

不能跨越他人的斗笠、扁担及柴担,否则为"糟蹋人"。

不能用刀比划人,哪怕是开玩笑也不可以。

不能提"死得不干净"(即非正常死亡)之人的名字。非提不可时,只能以其死因、死地或死法代替。此类尸体,或者火化,或者单埋,不能归葬祖茔。

刚办完丧事的人家,须按男29天、女27天之规定,留一孝子在家守灵,不得外出赶场、省亲。期满,由房族兄弟陪该孝子引逝者灵魂挨家挨户"走客"。

忌讳狗场天、鸡场天、羊场天埋人。

未出嫁的姑娘不能参与送葬活动。

长者辞世,讳称"老去"。孩子夭折,讳称"走外婆家去了"。

老人生病,讳称"胃口不好"。孩子生病,讳称"有点不乖"。妇女有孕,讳称"身体不适"。

为老人预备的棺材,尊称为"老房子"。

长者在场,年轻人不能翘二郎腿。

迎面碰到来人,不能当面吐口水、擤鼻涕。

从前,谷种下地之后直至秧包抽穗之前,不准吹芦笙,否则担心"谷子不饱米"。

灶门忌讳朝东开，否则"怕冲撞太阳，引起火灾"。

失火讳称"泼水"。

盖谷仓的瓦不能用以盖房子，否则"怕得罪谷神"。

打猎时不能吹口哨、唱山歌，否则"怕得罪山神"。煮猎物时不能盖锅盖，不能加佐料，否则担心"猎狗鼻子会聋"，危及日后狩猎。

狗肉不能上灶。吃狗肉用过的碗筷，须用草木灰在河里冲洗干净。

扫火星即"扫寨"吃牛肉用过的碗筷，须用河水冲洗干净，剩下的骨头不能带回家，须丢入河中，让水冲走。

禁吃团鱼（甲鱼）头、鳝鱼头及黄鳝尾巴，认为这些部位像老蛇。郎德上寨苗族村民不吃蛇。

捕获大鱼，留下尾巴，贴于柱子上，或者板壁上，禁止乱丢，否则"怕得罪鱼神"，影响日后捕鱼。

修建新仓时，忌讳提耗子，亦不得在修建工地就餐，否则担心鼠害。

禁止用刀砍断捆绑柴草的绳子、篾条或树枝之类，否则"怕得罪柴神"。

婚宴上忌讳打碎碗碟，以为不吉利。

迎亲途中忌讳看见老蛇、黄鼠狼。

狗、鹅、鸭忌讳爬上屋顶，否则格杀勿论。

忌讳母鸡打鸣；时辰未到，亦忌讳公鸡打鸣，否则立即杀掉，将鸡头留下祭天神。

未婚青年男女游方即谈情说爱，须回避长者。姑娘还须回避兄弟；后生还须回避姊妹。

忌讳他人从手中接纳生鸡蛋、生鸭蛋和油瓶、油罐等易碎物品，否则以为不吉利，实为避免不慎摔破。

忌讳指指点点刚冒出头的瓜果，否则以为会凋谢，实为担心碰伤嫩果。

如果家猫死在田地里，当年种植的农作物须全部卖掉或送人，自家不能食用。

衣物破损，须脱下缝补，忌讳在活人身上飞针走线。

妇女衣物尤其是裤子、裙子、绑腿之类，不能晾晒在其下可能有人行走的地方。

成年人之间，尤其是在客人或生人面前，忌说"屙屎屙尿"之类粗话，须改称"出一下门"或"到外边去"之类隐语，以示尊重对方。同理，吃饭时，忌讳谈论大小便。

过苗年，逢龙日，男人忌动刀锄，妇女忌摸针线。整个苗年期间，除龙日外，可以上山砍柴割草，但不能挖土犁田。

吃鼓藏期间，停止一切农事活动，违者必受谴责。

吃了中草药，疾病痊愈后，药渣不能随意乱倒，须妥善收藏于干净处。危重病人及久病难愈者，病好之后，须酬谢医生，由其"收药"。

阳春三月，水田中插有草标，意为秧田，且已播种，禁止入内，违者须承担赔偿责任。

春夏之交，在已返青的稻田里插有草标，示意田里放有鱼苗，禁止放鹅、放鸭。

秋收过后，过冬田里插有草标，示意田里集中囤积有鱼，未经许可，不得任意捕捞。

山上某片地方拴有草标，示意封山育林，严禁乱砍滥伐。

无主荒山拴有草标，示意有人要在界内护林蓄草，他人请勿涉足。

路边水井丢有草标，示意此水可饮，不得搅混、弄脏。

路旁、桥头放有草标，示意有人约会，他人不得移动，否则便是"缺德"。

寨门或村头寨尾交通要道处插有草标，示意正在"扫寨"，外人不得进寨，而且不能用火。

房前屋后插有草标，示意房东"有事"，正在进行某种不让外人参加的活动；或者是家有高危病人；或者是家畜行将生产，谢绝外人接近。

十二、成人礼俗

在苗族的历史文化中，成人礼是苗家儿女长大成人的见证，当苗族的小朋友13岁时，小男孩要学习扎犁绳、挂犁耙、下田耕地；小女孩要学习挽起苗鬏鬏（苗族姑娘发型），织布和刺绣。寓意着他们已经长大成人，在今后的日子里将分担起家庭责任的一部分，要懂得为人处世、尊老爱幼、诚实守信、热爱劳动、勤奋努力的道理。

苗族成人礼极具仪式感，男孩女孩及其家人来到芦笙场上，接受老人教导和全村人的祝福。在寨老组织的祭祀枫树仪式中，"祭师"进行庄严祷告，以祭祀枫树的形式祈求祖先神灵护佑孩子健康成长，祈求风调雨顺、五谷丰登。

老人们还唱古歌,以教诲孩子要尊老爱幼,勤俭朴实;要勤耕善种,严谨持家;要心存敬畏,遵循自然。

然后参礼人逐一向寨老敬酒,并喝下人生第一口酒,标志着正式成为步入社会的成年人,承担成人的责任,履行美好的德行。

祭祀仪式结束后,大家还吹起芦笙,跳起芦笙舞,寓意全村人团结互助,共享美好生活。

随着时代发展,苗族传统成人礼已经极少出现在世人面前,但少数地方还保留着这样的传统,郎德上寨、下寨将这个神秘古老的仪式完整地沿袭至今。

参考文献

[1] 吴正光.郎德上寨的苗文化［M］.贵阳：贵州人民出版社，2005.

[2] 唐颖.郎德上寨［M］.贵阳：贵州人民出版社，2017.

[3] 张洪昌,舒伯阳.乡村振兴中的旅游开发模式演进机制研究：以郎德苗寨为例［J］.西北民族大学学报（哲学社会科学版），2018(6):69-75.

[4] 盖媛瑾，陈志永,杨桂华,等.民族村寨景区化发展中自组织模式及其优化研究：贵州郎德苗寨的案例［J］.黑龙江民族丛刊,2016(6):56-71.

[5] 田艳.村规民约在民族地区基层社会治理中的作用研究：以郎德上寨为例［J］.民间法，2017,20(2):296-305.

[6] 陈志永,李乐京,李天翼.郎德苗寨社区旅游：组织演进、制度建构及其增权意义［J］.旅游学刊，2013(6):75-86.

[7] 李欣华,吴建国.旅游城镇化背景下的民族村寨文化保护与传承：贵州郎德模式的成功实践［J］.广西民族研究,2010(4):193-199.

[8] 李天翼.民族旅游社区参与的"工分制"［J］.贵州民族学院学报，2010(2):189-193.

[9] 宋尧平，王道东.奥运圣火照亮苗乡侗寨［N］.黔东南日报，2008-06-14.

后 记

本书是根据多年来我们对郎德上寨的了解以及多次到实地走访，并参考诸多文献资料编撰而成。

书稿在编撰过程中参考或摘引过吴正光、唐颖、田艳、盖媛瑾、陈志永、杨桂华、孙兆霞、张洪昌、舒伯阳、李天翼、李欣华、吴建国、王雨容、李葆中、宋武、陈尚福、陈尚明等专家学者论著的相关内容和观点，在此谨向各位同人表示谢忱！

丛书主编陈文胜先生为这本书的出版耗费了大量心血，从修改提纲到审阅书稿给予我们很多具体的帮助和指导，在此表示深深的感谢！

郎德上寨的乡村旅游开发从 1987 年起迈出第一步，到现在已有 30 余年，我们编撰此书的目的就是想对郎德上寨的发展历程进行一个阶段性的梳理，希望读者能从中得到一些启示。

最后，谨以此书献给民风淳朴的郎德上寨和郎德上寨淳朴善良的村民们！献给所有郎德上寨乡村旅游的开发者！献给郎德上寨开发策划者及文化传播使者吴正光先生！献给郎德上寨改革开放的领路人陈正涛老支书！献给所有关心、支持、帮助郎德上寨建设发展的各级领导、各位专家学者和社会各界人士！

作者

2020 年 5 月 10 日凌晨于凯里